Barbara Traub
Michael Blume

Wenn nicht wir, wer dann?

Ein Gespräch nach 1700 Jahren jüdischen Lebens in Deutschland

Patmos Verlag

Wenn ich nicht für mich bin,
wer ist dann für mich?
Wenn ich aber für mich bin,
was bin ich?
Und wenn nicht jetzt, wann dann?
Rabbi Hillel, Pirke Awot 1,14

MIX
Papier aus verantwortungsvollen Quellen
FSC www.fsc.org FSC® C014496

Klimaneutral
Druckprodukt
ClimatePartner.com/14549-2003-1001

Die Verlagsgruppe Patmos ist sich ihrer Verantwortung gegenüber unserer Umwelt bewusst. Wir folgen dem Prinzip der Nachhaltigkeit und streben den Einklang von wirtschaftlicher Entwicklung, sozialer Sicherheit und Erhaltung unserer natürlichen Lebensgrundlagen an. Näheres zur Nachhaltigkeitsstrategie der Verlagsgruppe Patmos auf unserer Website www.verlagsgruppe-patmos.de/nachhaltig-gut-leben

Verlagsgruppe Patmos in der Schwabenverlag AG, Ostfildern
www.verlagsgruppe-patmos.de

Umschlaggestaltung: Finken und Bumiller, Stuttgart
Umschlagabbildung: Foto Barbara Traub und Michael Blume
© Burkhard Finken
Gestaltung, Satz und Repro: Schwabenverlag AG, Ostfildern
Druck: GGP Media GmbH, Pößneck
Hergestellt in Deutschland
ISBN 978-3-8436-1312-5

Inhalt

Wenn nicht wir, wer dann?
Wenn nicht jetzt, wann dann? – Einleitung 9

Michael Blume
Ich bin ein dankbarer Schüler von Noach, Japhet und Sem – Alphabet und Bildung am Fuß der Alpen 13

Barbara Traub
Die Grundlagen jüdischer Ethik wurden in meiner Familie weitergegeben – Meine jüdische Bildung in Wien 24

Michael Blume
Karl Popper lese ich bis heute von allen Philosophen am meisten – Jüdische Denker und Denkerinnen auf meinem Bildungsweg 38

Barbara Traub
Leben heißt, Fragen zu stellen und Antworten zu geben – Viktor Frankls Bedeutung für mein Leben und Arbeiten 51

Michael Blume

Die Geschichte der Frankfurter Schule erweist sich als überaus fruchtbares Scheitern – Einsichten zur »autoritären Persönlichkeit« jenseits des Marxismus 77

Barbara Traub

Bilder können heilsam wirken, aber auch Zorn und Kampf erzeugen – Jüdisches Kunstschaffen zwischen religiösem Bilderverbot und säkularer Ästhetik 87

Michael Blume

Von der äußerlichen Gestalt zur innerlichen Qualität von Kunst – Eine interreligiös angeregte Bildungserfahrung 108

Barbara Traub

Die Frage nach verbindlichen Werten darf nicht liegen gelassen werden – Vom Dialog innerhalb der jüdischen Gemeinde zum interreligiösen Dialog 112

Michael Blume

Als Christ sehe ich noch so viele Baustellen – Antisemitismus und Abrahamitischer Dialog 130

Barbara Traub

Handlungen, die einmal geschehen sind, können wiederkehren – Antijüdischer Hass und die Kraft weiterzumachen 138

Michael Blume
Es lohnt sich der Kampf um jede Seele – Strategien gegen den Antisemitismus 157

Barbara Traub
Wir haben nur die Möglichkeit über das Gespräch – 1700 Jahre jüdisches Leben – was dürfen wir hoffen? 165

Michael Blume
Es war mir eine Freude – Zum Ausklang 176

Barbara Traub
Was ich sehe – Zum Ausklang 179

Ein gemeinsamer Schluss 182

Anmerkungen 185

Zur Autorin und zum Autor 191

Wenn nicht wir, wer dann? Wenn nicht jetzt, wann dann?

Einleitung

Wir beide trafen einander beim ersten Abrahamsfest in Baden-Württemberg. Es war das Jahr 2000 christlicher, 5761 jüdischer und 1421 islamischer Zeitrechnung, und Menschen jüdischen, christlichen und islamischen Glaubens lernten einander kennen. Uns verband die Neugier, nicht nur die religiösen Grundlagen, sondern auch die Geschichten und persönlichen Sichtweisen kennenzulernen. Aus Begegnungen wurden Gespräche, und aus einigen Gesprächen wurden gar Freundschaften, die zur Zusammenarbeit motivierten. Uns verband der Wunsch, die je eigene Identität durchaus zu wahren, aber über gewachsene Grenzen und Voreingenommenheiten hinauszugelangen. Wir erkannten, dass die freiheitliche Demokratie uns die Möglichkeiten für solche Schritte eröffnete, wie es sie in der Geschichte nur punktuell gegeben hatte. Mit dieser Erfahrung neuer Möglichkeiten verband sich für uns aber auch eine innere Verpflichtung, mit dem Wissen um die je eigene Geschichte eine Zukunft in Vielfalt zu entwickeln. So ergab sich für uns die ganz praktische Frage: Wer, wenn nicht wir? Und wenn nicht jetzt, wann dann?

Wir beide sind selbstverständlich nur zwei Beteiligte eines großen und offenen Prozesses, der von immer mehr Menschen an immer mehr Orten getragen wird. Was wir schon jetzt erfahren haben ist, dass durch den Austausch mit den Angehörigen anderer Religionen und Weltanschauungen auch das Wissen über die je eigenen Grundlagen vertieft wurde. Niemand wurde weniger jüdisch, christlich, muslimisch oder humanistisch, sondern unsere Wahrnehmung vertiefte und erweiterte sich. Dies betraf nicht nur das Faktenwissen, sondern auch emotionale, ethische und philosophische Sichtweisen. Wir konnten dadurch zum Beispiel unsere Kinder besser verstehen und begleiten, die in Umfeldern von Vielfalt und Freiheit aufwuchsen. Wir meinen, dass religiöse Traditionen für das Leben sensibilisieren und es fördern, es aber nicht verhärten und einengen sollten. Gerade deswegen haben wir nie die Augen davor verschlossen, dass Antisemitismus und Rassismus auch in unserer Gesellschaft weiterwirken und durch das Internet auch neue Verbreitungswege gefunden haben. Nicht der Rückzug in nur vermeintlich sichere, ideologische Festungsmauern ist die Antwort darauf, sondern die gemeinsame Arbeit gegen den Hass und für mehr Miteinander. Die Fragen, die sich unseren Kindern stellen, etwa zur Ernährung und dem Schutz der Umwelt, müssen über die verschiedenen Traditionen hinweg – und am besten gemeinsam – ins Gespräch gebracht werden. Es gibt keinen je jüdischen, christlichen, islamischen oder humanistischen Planeten Erde, sondern nur eine gemeinsame Welt, für die wir entweder auf der Basis unserer religiösen Zugehörigkeiten gemeinsam Verantwortung übernehmen – oder daran scheitern. Ist es nicht unsere Aufgabe, der nächsten Generation Mut zu machen und zu zeigen, dass trotz aller Versäumnisse auch vieles möglich ist, Wege sich erschließen?

In diesem Buch haben wir unser langjähriges persönliches Gespräch in die klassische Form des Briefdialogs gegossen. Daran können Sie schon ersehen, dass wir Traditionen nicht fürchten, sondern wertschätzen – aber gerne mit neuen Inhalten beleben. Schon in unser beider Religionen bilden das Gespräch und die Verwandlung des Gespräches in Schrift die Grundlage für Neues. Aus unserer Sicht ist es kein Zufall, dass ein linearer Kalender und eine Zukunftshoffnung unsere Sichtweisen prägen. Auch wenn wir es nicht beweisen können, hoffen wir: Am Ende wird es besser – und wenn es noch nicht gut ist, so ist es noch nicht das Ende.

Wenn Sie als Leserin oder Leser das Buch zur Hand nehmen, dann dient unser Blick auf die je eigene Geschichte nicht der Verschriftlichung persönlicher Eitelkeiten. Wir haben vielmehr die Erfahrung gemacht, dass Beispiele Mut machen können, auch selbst neue Fragen zu entdecken. Am Ende bezieht sich der Titel dieses Buches daher auch auf Sie: Wer, wenn nicht wir? Und wenn nicht jetzt, wann dann?

Auch wenn Sie in die uns verbindende Tora schauen, werden Sie feststellen, dass dort keine systematischen Definitionen geboten werden, sondern Geschichten, die Fragen und wiederum weitere Geschichten auslösen. Wer auch immer religionsbezogen schreibt, greift bewusst oder unbewusst auf frühere Schichten zurück. So soll auch das vorliegende Buch Menschen anregen, sinnstiftende Autorinnen und Autoren ihres je eigenen Lebens zu sein.

Barbara Traub und Michael Blume

Ich bin ein dankbarer Schüler von Noach, Japhet und Sem

Alphabet und Bildung am Fuß der Alpen

Liebe Barbara,

mit großer Freude schreibe ich Dir diese Zeilen. Denn als ich mich daranmachte, als Religionswissenschaftler, Christ und Wossi anlässlich des Erinnerungsjahres *1700 Jahre jüdisches Leben in Deutschland* ein Buch über das mächtigste deutsche Wort – »Bildung« – zu schreiben, da merkte ich: Alleine geht das nicht. Körper und Geist sträubten sich dagegen, »über« Jüdisch-und-deutsch-Sein zu schreiben, als wären dies Traditionen, die man mit einem »Blick von oben« trennen könnte. Schon in meinem Buch über die Gefahren des Antisemitismus war ich zu dem Schluss gekommen: Wer das Judentum aus den Traditionen, Religionen und Völkern Europas herausstreichen möchte, der richtet die Axt immer auch gegen die eigenen Wurzeln.[1] Ein Buch über deutschsprachiges Judentum ohne jüdische Stimme – das ging für mich einfach nicht.

Also kam ich auf Dich zu und fragte, ob wir anlässlich von 1700 Jahren jüdischen Lebens in Deutschland ein gemeinsames Buch zum Thema »Bildung« schreiben würden. Ich freue mich sehr, dass Dir die Idee eines gemeinsamen Bandes gleich gefallen hast. Du schlugst vor, dass wir auf dem fast in Vergessenheit geratenen Konzept eines »Briefbuches« aufbauen und damit unsere jeweiligen Perspektiven sichtbar machen: Du als Jüdin, Österreicherin, Psychotherapeutin, Sozialdemokratin und Vorstandssprecherin der Israelitischen Religionsgemeinschaft Württembergs, ich als – aus einer nichtreligiösen, aus der DDR zugewanderten Familie stammendes – Arbeiterkind, als Christ und Christdemokrat, Religionswissenschaftler und Beauftragter der Landesregierung Baden-Württemberg gegen Antisemitismus. Von Dir stammte auch der Titelvorschlag, abgeleitet aus dem Mischna-Traktat *Pirke Awot*, den Sprüchen der Väter: »Wenn nicht wir, wer dann.«

Wie Du sicher gemerkt hast, liebe Barbara, hatte mich dieser Titelvorschlag sofort überzeugt. Dies nicht, weil ich der Auffassung gewesen wäre, wir beide wären die wichtigsten Menschen der Erde. Denn genauso hattest Du es nicht formuliert. Vielmehr betonen die Sprüche der Väter, dass »jeder« Mensch – unabhängig von Herkunft, Geschlecht, Religion – in jedem Moment des Lebens in einer Verantwortung steht, die niemand sonst wahrnehmen kann. Für die Welt sind wir nur zwei unter Milliarden – aber nur wir zwei können genau dieses Gespräch führen. Und wenn wir die Verantwortung für unser Jetzt-Sein, konkret für unser Gespräch jetzt nicht wahrnehmen – wie sollten wir es dann von anderen einfordern? Wie könnten wir auf Veranstaltungen »mehr Dialog auch zwischen den Religionen«, mehr Wissen, Kenntnisse, Diskussionen fordern – und es dann selbst nicht leben? Ich hatte Dich so verstanden, dass wir die Leserinnen und Leser schon in dem Moment einbeziehen, indem sie den Titel wahrnehmen. Das packte mich sofort.

Auch erinnerte mich Dein Titelvorschlag spontan an die Biografie unseres gemeinsamen Freundes Meinhard Mordechai Tenné (1923–2015). Er, der den Holocaust knapp überlebt hatte, dessen Mutter und Schwester von den Nationalsozialisten ermordet worden war, der dennoch aus Israel in die Schweiz und dann nach Deutschland zurückgekehrt war, schrieb als Lehre seines Lebens: »Wir sollten es endlich lernen, uns gegenseitig ernst zu nehmen in dem, was uns innerlich erfüllt und trägt. Aus früherem Gegeneinander muss ein künftiges Miteinander werden, bei friedlichem Anerkennen bleibender Unterschiede.«[2]

Also tatsächlich: Wenn nicht wir, wer dann. Dies allerdings aber auch vor dem Verständnis, dass Hass und Verfolgung nicht »gegenseitig« waren, sondern dominant von den Mehrheitsgesellschaften gegen Jüdinnen und Juden in den deutschen Landen gerichtet wurden. Den Worten des früheren Präsidenten des Zentralrats der Juden in Deutschland, Paul Spiegel (1937–2006), muss ich leider zustimmen: »Die Liebe der Juden zu Deutschland hat sich auf Dauer eben nur als eine einseitige Liebe herausgestellt.« Ich glaube, dass wir das ändern müssen. Nicht-jüdische Deutsche sollten begreifen, dass vom Alphabet über verschriftetes Recht, die Sprache, Musik, Wissenschaft und den linearen Kalender bis hin zu Christentum und Humanismus praktisch nichts, was jemand zur »deutschen Leitkultur« zählen möchte, ohne bedeutende, jüdische Beiträge entstand. Generationen, die nach dem NS-Regime aufgewachsen sind, brauchen sich meines Erachtens nicht persönlich »schuldig« zu fühlen. Aber eine Verantwortung, das Böse und das Gute besser zu begreifen und das Judentum nicht mehr als vermeintlich fremd abzuschreiben – die sehe ich schon. Ich gehe sogar so weit zu behaupten, dass diejenigen, die jüdisches Leben nicht als deutsch und europäisch anerkennen können, auch nicht in der Lage sind, mit Menschen anderer Kulturen, Hautfarben, Bekenntnisse umzugehen. Wer nach 1700 Jahren jüdischen Lebens in deutschen Landen immer noch bestreitet, dass beides untrennbar zusammengehört, wird Musliminnen, Chinesen, Afrikanerinnen und Hindus (um nur wenige Beispiele zu nennen) auch nicht als deutsch, österreichisch, schweizerisch annehmen können. Antisemitismus und Rassismus erschaffen die Fremdheit, unter deren Vorzeichen sie dann Hass und Ängste schüren.

In einem Edikt des römischen Kaisers Konstantin von 321 befürwortet Kaiser Konstantin die Berufung von Juden in den Stadtrat von Köln. Das ist ein greifbares Datum – denn an den wenigen Funden religiöser Symbole und Gegenstände jener Zeit nördlich der Alpen lässt sich oft noch gar nicht feststellen, ob sie von Christen oder Juden stammten. Unsere Religionen hatten sich einfach noch nicht lange genug auseinanderentwickelt und abgegrenzt, wurden auch von Außenstehenden noch oft als zwei Äste des gleichen Baumes verstanden. Und auch die Staaten, die wir heute als Bundesrepublik Deutschland, Österreich, Tschechien und die Niederlande, als die Schweiz, Belgien, Polen und so weiter bezeichnen, gab es selbstverständlich noch nicht. Die Bezeichnung »deutsch« entstand vielmehr aus dem althochdeutschen Wort *diutisc*: »was zum Volk gehört«, also »Volkssprache«. Es gab also allenfalls deutsche Lande im Sinne von Regionen, in denen Menschen Vorformen des heutigen Deutsch gesprochen haben. Und es gab eben das römische Imperium, dessen Truppen, Texte und Taten diese Regionen und die Menschen darin zu durchwirken begannen.

Eine der ältesten Bezeichnungen für die deutschsprachigen Lande stammt, wie Du weißt, von jüdischen Schriftgelehrten. Sie benannten die Völker nördlich der Alpen nach Aschkenas, einem Urenkel von Noach, Enkel von Japhet und Sohn von Gomer. Hier sehen wir sie bereits am Werk, die Liebe, von der Paul Spiegel sprach:

Jüdinnen und Juden benennen die Aschkenasim zunächst als die Anderen – und entdecken sich dann auch selbst in ihnen. So entstand das aschkenasische Judentum. Als Sprache der jüdischen Aschkenasim entwickelte sich ein eigener Dialekt, das später Jiddisch genannte Judendeutsch. Vermischung und Bewahrung auch hier.

Wie bedeutend dieses Verschmelzen von Fremd- und Selbstwahrnehmung ist, erlebe ich in meiner Arbeit nahezu täglich: Rassistinnen und Antisemiten behaupten gegen alle wissenschaftlichen Erkenntnisse bis heute gerne, aschkenasische Juden seien ja »eigentlich« keine »Semiten«, sondern »nur« Nachfahren eines zum Judentum konvertierten Turkvolkes, der Chasaren. Sie hätten also gar nicht die richtigen Gene, um Ansprüche auf ein Leben in Europa oder in Israel geltend zu machen. Diese »Argumentation« – die gerne mit Berufung auf einen israelischen Historiker namens Shlomo Sand scheinlegitimiert wird – ist nach meiner Einschätzung gleich doppelt falsch: Sie behauptet, dass es bei Staats- oder Religionszugehörigkeit auf Genetik ankomme, was weder für Deutschland noch für Israel, weder für Judentum, Christentum noch Islam gilt. Und sie ignoriert den Stand der Forschung, die ein Miteinander von Vermischung und Zusammenhalt auch für das aschkenasische Judentum der letzten Jahrtausende belegt.

Heute kämpfe ich noch täglich damit, dass Menschen »Semiten« für eine »Rasse« aus »Juden und Arabern«

halten – und ausblenden, dass es selbstverständlich ebenso Jüdinnen und Juden aller Hautfarben gibt wie Christinnen und Muslime. Das Judentum war und ist Volk und Glaubensgemeinschaft, aber nie »Rasse«. Der Noach-Sohn Sem gilt nach jüdischer Auslegung schon im Talmud als erster Begründer eines Lehrhauses, in dem Religion und Recht des Noachitischen Bundes unter dem Zeichen des Regenbogens in Alphabetschrift allen Menschen gelehrt wurden. Die vokalisierten Alphabete Griechenlands und Roms wurden schließlich Sems Bruder Japhet zugeschrieben.[3] Unser heutiger Kontinent Europa ist nach einer phönizischen Prinzessin und griechischen Sage benannt.

Hast Du schon davon gehört, dass unter deutschen Rassistinnen und Rassisten Verschwörungsmythen gegen Gen-Datenbanken kursieren? Denn allzu viele entdecken bei der Auswertung ihrer DNA bei Anbietern wie »MyHeritage« auch jüdische Vorfahren. Dankenswerterweise weisen daher inzwischen Gen-Datenanbieter auch darauf hin, dass der hohe Anteil jüdischer Nobelpreisträger (20% bei 0,2% Anteil an der Weltbevölkerung) gerade nicht aus der Genetik, sondern aus der »Kultur des Lernens« abzuleiten sei.[4] Umso mehr wir wissenschaftlich wissen, umso absurder werden Behauptungen über »Rassereinheit«. Auch mein Großvater väterlicherseits musste wegen unseres Nachnamens »Blume« bei den Nationalsozialisten einen sogenannten »Arier-Nachweis« vorlegen. »Rassenlehren« waren und sind wissenschaftlich unhaltbar und behaupten Unterschiede, wo keine sind.

Ich finde, die deutschsprachig-jüdische Verwandtschaft basiert sogar auf einer noch tieferen Verwandtschaft als jede Genetik: dem Alphabet. Bis heute benennen wir alle Alphabete nach den ersten beiden Buchstaben des Hebräischen: Aleph (Rind) – Beth (Haus). Im griechischen Alpha–Beta und im lateinischen A–B ist bereits jede Wortbedeutung entfallen. Ohne die Schrift vom Sinai gäbe es keine inzwischen weltumspannende Alphabetisierung, keine »semitischen« – also alphabetisierten – Religionen, keinen linearen, inzwischen weltweit nach der Geburt eines Juden ausgerichteten Kalender und keine »westliche Zivilisation«, wie wir sie heute kennen.[5] Nicht erst »was« der römische Kaiser 321 selbstverständlich in Alphabetschrift als Erlass schrieb, begründet also unsere gemeinsamen Wurzeln – sondern schon »dass« er schrieb. Die Revolution in der Informationstechnologie – ein Schriftsystem mit unter 30 Buchstaben – hat die Geschichte erst des Judentums und dann der gesamten Menschheit grundlegend verändert; und tut es heute noch. »Erst« ab der Mitte des 20. Jahrhunderts darf die Mehrheit der Menschheit als »alphabetisiert« gelten.[6]

Und den bis heute ältesten Fund einer Alphabetschrift verzeichnen wir, ja, um etwa 1700 vor der christlichen Zeitrechnung auf dem Sinai. Noch heute, ein Jahrhundert, nachdem Thomas Mann dies in »Joseph und seine Brüder« niederschrieb, geht die Wissenschaft weiter davon aus, dass das Alphabet aus einer vereinfachten »Menschenschrift« der ägyptischen Hieroglyphen entstanden sei. Joseph habe sein Alphabet, so schöpft Mann aus der jüdischen Überlieferung, von Abrahams Sklaven und Hausverwalter Eliezer gelernt.[7] Dieser habe es wiederum vom mythisch-langlebigen Noach-Sohn Sem und dessen Urenkel Eber, dem Namensgeber der Hebräer.[8] Eine Tradition des Lernens, die »Blut«- und Klassenschranken überwindet, schon von den biblischen Anfängen und frühesten Auslegungen an!

Und da sind wir auch schon bei der Frage von »Bildung«, dem nach meiner Meinung mächtigsten und wichtigsten Wort der deutschen Sprache. Über alle Menschen – nicht nur die Eigengruppe – steht geschrieben: »Im Ebenbilde *(b'zelem)* G"ttes schuf er ihn, männlich und weiblich schuf er sie« (1. Mose 1,27). Im Talmud wird daraus der wunderbare Vergleich gewonnen, dass ein menschlicher König nur sein eigenes Konterfei auf die Münzen präge – G"tt aber in jedem einzelnen Menschen sein Antlitz zeige. Die Unterrichtung der Kinder, der Bau von Schulen gehören daher schon sehr früh zu den Verpflichtungen jüdischer Gemeinden – das Judentum wird zur ersten »Schriftreligion der Bildung«. Christina von Braun beschreibt das Judentum als erste »sekundäre Religion«, die sich nicht mehr vor allem auf das primäre Medium der Sprache stützt, sondern auf die Alphabetschrift für die gesamte Gemeinde. Entsprechend konnte und kann das Judentum gegenüber antiken Religionen und Stammeszugehörigkeiten auch dann überleben, als der Tempel zerstört, die Menschen verschleppt und entwurzelt werden – solange die Heiligen Schriften gelesen werden konnten, blieben Gemeinde, Zusammenhalt und wiederum Bildung möglich.[9] Hier finden wir den Grund für den Komplex aus Neid, Angst und Verschwörungsmythen, der sich seit der Antike gegen das Judentum zu bilden begann und bis heute wuchert. Der Antisemitismus wurde nach und mit der Frauenfeindlichkeit zum ältesten Verschwörungsglauben, der sich mit jeder Medienrevolution – dem Buchdruck, den elektronischen Medien, jetzt dem Internet – neu formierte und globalisierte.

Der große jüdische Arzt und Gelehrte Maimonides (1135–1204) legte diese Textstelle von der Erschaffung des Menschen im Ebenbilde G"ttes in seinem »Führer der Unschlüssigen« (in übrigens arabischer Alphabetschrift) als Verpflichtung zu Vernunft- und Charakterbildung aus. Und über den großen christlichen Gelehrten Meister Eckhart (1260–1328), der seinen »Rabbi Moyses« tief verehrte und unermüdlich zitierte, kam der Begriff der »Bildung« schließlich in die deutsche Sprache.

Du siehst, liebe Barbara – ich konnte nichts finden, wo ich das Deutsch-und-Jüdisch-Sein hätte trennscharf unterscheiden können. Ich bin ein dankbares Kind der Alphabetisierung und Schüler von Noach, Japhet und Sem, der als junger Erwachsener auch noch Christ wurde, ein Erbe von kulturellen und religiösen Schätzen, aber auch von Verantwortung, ein nicht-jüdischer Aschkenas, ein Deutscher.

Ist diese Selbstwahrnehmung aus Deiner Perspektive nachvollziehbar? Ergibt es aus Deiner Sicht überhaupt Sinn, in der Geschichte sowohl Gemeinsamkeiten wie Unterschiede gelten zu lassen? Ab wann, liebe Barbara, wird ein »Wir« aus Deiner Sicht vom freundlichen zum unfreundlichen Wort, von der Anerkennung des Gemeinsamen zur Bestreitung des Eigenen? Magst Du mir – und uns – erzählen, wie Du jüdische Bildung in Wien erlebt hast?

Michael

Die Grundlagen jüdischer Ethik wurden in meiner Familie weitergegeben

Meine jüdische Bildung in Wien

Lieber Michael,

der Satz »Wenn nicht wir, wer dann« hat mich seit meiner Jugend begleitet. Zunächst als Verpflichtung, mein Wissen um meine jüdische Abstammung in ein gelebtes Judentum weiterzuentwickeln. Es waren zwar nur Bruchstücke von Familiengeschichte, Tradition und Religion, die ich nach und nach kennenlernte und erfuhr, jedoch wurde mir als Jugendliche bewusst, dass es an mir liegt, diese Bruchstücke entweder wieder zu einem stimmigen Bild zusammenzufügen oder den Faden der Tradition endgültig zu zerreißen und damit eigentlich das zu vollenden, was die Absicht der Nationalsozialisten war: jüdisches Leben endgültig auszumerzen.

Die Frage, lieber Michael, über die (oder meine) jüdische Bildung in Wien hat mich zu einem Zeitpunkt erreicht, da ganz plötzlich und irgendwie zufällig die Vergangenheit in der Gegenwart aufgetaucht war. Ganz konkret ergab sich dies nach einem Brief einer ehemaligen Studienkollegin, mit der ich die Ausbildung zur Sozialpädagogin in Wien absolvierte. Sie ist die Enkelin Siegfried Breuers väterlicherseits und mütterlicherseits ist sie mit Fanny von Arnstein (1758–1818) verwandt. Jedenfalls nahm sie nach 25 Jahren wieder Kontakt zu mir auf. Bei dieser Gelegenheit berichtete sie von einer Forschungsarbeit über das Schicksal jüdischer Fürsorgerinnen, die bei der Stadt Wien vor der Schoa angestellt waren. Mir fiel meine Großtante ein, die als Fürsorgerin in Wien tätig war und bereits während der Zeit des Austrofaschismus ihre Stelle verloren hatte, weil sie Jüdin und Sozialdemokratin war. Rasch stellte meine Studienkollegin einen Kontakt zu der Wissenschaftlerin her, die die Arbeit verfasst. Sie sagte, sie suche noch Unterlagen und vor allem Fotos aus der Zeit der Flucht und Emigration von Emma Weissmann sel. A., über die sie schon einiges recherchiert hatte. Nun habe ich nach dem Tod meiner Verwandten deren Archiv (Briefe, Korrespondenzen und Fotos) übernommen und teilweise in Wien und in Stuttgart gelagert. Am Tag meiner Abreise aus Wien lud ich also die Historikerin ein, suchte die Fotoalben aus dem Archiv, und es fanden sich zahlreiche Fotos aus der Zeit, als sie in Wien noch tätig war, aber auch aus der Zeit der Flucht und ihrer Tätigkeit als Erzieherin in einem jüdischen Kinderheim in Frankreich, organisiert durch die Resistance. Über dieses Kinderheim, das von Ernst

Papanek geleitet wurde, gibt es auch ein Buch mit dem Titel »Die Kinder von Montmorency«.[10] Es handelte sich um jüdische Kinder, deren Eltern bereits deportiert waren und von Paris nach Südfrankreich gemeinsam mit ihren Betreuer:innen flüchteten.

Irgendwie schien es mir mehr als nur ein Zufall, einerseits durch Deine Frage in meine Kindheit und Jugend zurückzublicken und gleichzeitig mit einer wissenschaftlichen Arbeit konfrontiert zu werden, die auch mit meiner eigenen Biografie verstrickt ist.

Zurück zu Deiner Frage nach *meinem* Zugang zu jüdischer Bildung: Wenn ich genau darüber nachdenke, so war mein Bezug zum Judentum natürlich zunächst von meiner Familie geprägt. Dies allerdings wenig religiös. Meine ersten Erinnerungen reichen in eine Zeit der Kindheit zurück, da ich etwa vier bis fünf Jahre alt war und meine Mutter mir einzelne Geschichten der Tora erzählte, die sie mit Bildern aus einer illustrierten Kinderbibel verdeutlichte. Besonders eingeprägt hat sich das Bild von der Darbringung der Opfer durch Kain und Abel. Dieser Geschwisterkonflikt einerseits, zum anderen die Haltung G"ttes, ein Opfer anzunehmen und eines zu verwerfen, haben mich sehr beschäftigt. Aber auch die wilde Emotion und Aggression Kains hat mich tief erschreckt, und ich verband dies mit der Fragestellung, was in einem Menschen vorgehen muss, um zu solch einer grausamen Tat des Brudermords fähig zu werden.

Kurze Zeit später kamen meine Verwandten aus der Emigration etwa 20 Jahre nach der Schoa das erste Mal nach Wien zurück. Sie hatten meine Mutter als etwa achtjähriges Kind in Wien zurücklassen müssen, da sie nach dem Anschluss Österreichs an das Dritte Reich Wien bei Nacht und Nebel verlassen mussten. Beide, meine Großtante und mein Großonkel, standen auf der Liste der Gestapo und wurden von dieser wegen ihrer politischen Aktivität in der sozialistischen Jugendbewegung, ihres Widerstands gegen den Austrofaschismus und Nationalsozialismus und ihrer Zugehörigkeit zum Judentum sofort gesucht. Wörtlich erinnere ich mich an den Satz meiner Mutter »bei Nacht und Nebel«, was dazu führte, dass ich mir des Öfteren abends, wenn ich im Bett lag, auszumalen versuchte, welche Dinge ich mit mir nehmen würde, wenn ich bei Nacht und Nebel flüchten müsste. Bis heute denke ich immer wieder, wenn wir die Geschichte von Pessach, dem Auszug des jüdischen Volkes aus dem Lande Mizraim, erzählen, an die abenteuerliche Flucht meiner Verwandten.

Meine Mutter erwartete den Besuch mit großer Aufregung. Vieles, was sie vor und während der Schoa erlebt hatte, hatte sie gleichsam zugeschüttet, weggepackt oder schlichtweg verdrängt, um ihrer Familie und ihren Kindern eine »unbeschwerte« Kindheit zu geben und ihren Verbleib in Wien innerlich zu ermöglichen. Plötzlich aber wurden Kindheitserlebnisse wach, und ihre jüdischen Wurzeln wurden wieder lebendig. Da ich zu dieser Zeit viele Stunden mit ihr verbrachte – mein älterer Bruder besuchte damals bereits das Gymnasium und hatte nicht mehr so viel Zeit und Interesse, sich mit ihrer Geschichte zu beschäftigen – und ich anscheinend schon damals eine ausgeprägte Fähigkeit zum Zuhören hatte, gewann ich einen Einblick in ihre Kindheit, ihre Familie, aber vor allem auch die Traumata, die durch die Schoa hervorgerufen worden waren. Manche der Angst- und Schreckenssituationen beschrieb sie mir sehr eindringlich. So etwa die bange Zeit des Wartens auf eine Einreisegenehmigung in die USA, die nie kam. Der Verkauf des Schmucks und der letzten Habseligkeiten, um eine einzige Woche Aufschub für den Abtransport meiner Urgroßmutter zu erreichen. Der Abschied von ihrer Großmutter, die sie zur Sammelstelle, einer Schule im 2. Wiener Gemeindebezirk, dem Bezirk, in dem der größte Anteil der jüdischen Bevölkerung lebte, gemeinsam mit ihrer Mutter begleitete. Ihre Großmutter musste damals so alt wie ich heute gewesen sein. Die Einsamkeit eines Kindes, dessen Familie und Verwandte plötzlich Tag für Tag verschwinden und das allein mit der Mutter zurückbleibt und dennoch gleich einem Wunder überlebt. Was ihr blieb, war eine letzte Karte aus dem Ghetto von Lodz, die durch Wasserflecken fast unleserlich geworden war. Meine Mutter war fest davon überzeugt, dass diese unter Tränen geschrieben worden sei. Danach verlor sich jede Spur. Unter diesem Aspekt war mein Zugang zu jüdischer Bildung zunächst durch die

Berichte über die Ermordung von Familienmitgliedern und die Flucht des Großonkels und seiner Frau geprägt. Als besonders tragisch erlebte ich die Geschichte meiner zweiten Großtante, der die Flucht aus Wien nach Paris gelang und die dort von der Gestapo, nachdem sie angeblich irrtümlich die Tür geöffnet hatte, festgenommen und über Drancy nach Auschwitz deportiert wurde. Über den Weg der Verschleppung und des Todes in Auschwitz haben wir dank der Recherchearbeit von Yad Vashem erst kürzlich erfahren. Meine Schwester hat sich dankenswerterweise um die Rekonstruktion unserer Familiengeschichte via Internet bemüht und ihren traurigen Weg nachverfolgt. Die Zugehörigkeit zum Judentum erschien mir denn in meiner Kindheit als etwas Dunkles, Gefährliches – es war in gewissem Sinn eine negative Prägung oder Identität. Vor allem etwas, dem ein Makel anhaftete und über das ich gegenüber anderen Menschen schweigen sollte.

Und dennoch war und ist die Geschichte meiner Familie auch eine Geschichte jüdischer Bildung. Auch wenn der Begriff *Zedaka* (»Wohltätigkeit«, eigentlich »Gerechtigkeit«) nicht direkt verwendet wurde, so war das Streben nach sozialer Gerechtigkeit und das Bemühen, anderen Hilfe zu geben, sogar wenn man selbst bedroht oder bedürftig war, ein Erbe, das weitergegeben wurde. Meine Großmutter und deren Geschwister entstammten einer gut situierten jüdischen Familie, die aber bereits in den 1920er-Jahren nach dem Börsenkrach ihr Vermögen (einige Zinshäuser in Wien) verloren hatte. Da der Urgroßvater relativ jung verstarb, sollten die Kinder, insbesondere die Mädchen, nur ein Handwerk erlernen. Meine Großmutter wurde Modistin (Hutmacherin), obwohl sie gerne weitergelernt hätte, meine beiden Großtanten erlernten den Beruf der Weißnäherin (Näherin für die weiße Aussteuer-Wäscher). Aber meine Großtante bildete sich weiter und erlernte den Beruf der Fürsorgerin. Sie war es dann auch, die meine Entscheidung Sozialarbeit zu studieren und später auch psychologische Psychotherapeutin zu werden, mitbeeinflusst hat. Meine Großmutter eröffnete ein Modegeschäft, und mit diesem erhielt sie die Familie, als die anderen Geschwister durch den Austrofaschismus ihren Arbeitsplatz verloren. Obwohl ich meine Großmutter als eine sehr introvertierte Frau in Erinnerung habe, erinnere ich mich, dass sie sehr stolz darauf war, berufstätig zu sein und zum Familienunterhalt wesentlich beigetragen zu haben. Meine Großtante bildete sich auch nach ihrer Emigration in die USA nach New York weiter, studierte an der Columbia University und absolvierte die individualpsychologische Ausbildung. Sie behandelte viele deutschsprachige Emigranten und Emigrantinnen, aber auch amerikanische Patient:innen, am *Alfred Adler Institute,* das im Sinne des jüdischen österreichischen Psychoanalytikers und Individualpsychologen Alfred Adler arbeitete. Alfred Adler (1870–1937), ein Schüler Freuds, begründete die 2. Wiener Psychotherapieschule, die Individualpsychologie. Ein Schüler Alfred Adlers wurde dann auch Emmerich Weissmann, der Bruder meines Großonkels, der in London der Generalsekretär der Alfred-Adler-Gesellschaft war und das dortige Institut mehrere Jahre leitete. Die Grundlagen jüdischer Ethik, ohne dass es explizit so benannt wurde, wurden in meiner Familie implizit weitergegeben: anderen zu helfen, damit sie sich aus ihrer schwierigen Lebenslage wieder befreien können. Hilfe zur Selbsthilfe war eine Haltung, die uns Kindern auch meine Mutter vermittelt hat. Von meiner Großmutter weiß ich, dass sie selbst in der Zeit, als sie meine Verwandten durch ihre Arbeit finanziell über Wasser hielt, in ihrem Geschäft eine Schüssel mit Münzen stehen hatte: Kein Bettler sollte ohne eine winzige Hilfe aus ihrem Geschäft gehen. Während meine Großmutter den Gedanken der Zedaka sehr individuell und auf gefühlsmäßiger Ebene ausführte, ergriffen meine Großtante und ihr Schwager diesen als Beruf und übten ihn viele Jahre in den New York bzw. in London aus. Mein Großonkel wiederum war auf gesellschaftspolitischer Ebene tätig. Während der Zeit des Austrofaschismus organisierte er den Widerstand dagegen mit, war Verbindungsmann zur Exilregierung in der damaligen Tschechoslowakei und wurde gemeinsam mit anderen jüdischen Sozialdemokraten, unter anderem auch Bruno Kreisky, dem späteren Bundeskanzler Österreichs, von der faschistischen Regierung inhaftiert und angeklagt. Er organisierte später in Amerika die *Friends of*

Austrian Labor, von denen die meisten jüdischer Herkunft waren, und hielt den Kontakt zur Wiener Sozialdemokratischen Partei aufrecht. Er war ein zutiefst politisch denkender Mensch, der überzeugt davon war, dass Recht und Gerechtigkeit sowie Demokratie keine Selbstverständlichkeit sind, sondern einen steten Einsatz für deren Erhalt fordern.

Bildung ist ein wesentliches Element für diesen Einsatz. In der Beziehung zwischen mir und meiner Mutter nahm Lesen eine zentrale Bedeutung ein. Sie war es, die mich schon im Vorschulalter in die städtische Bibliothek führte und mir die Freude am Lesen vermittelte. Sehr früh machte sie mir bewusst, dass Lesen zur Freiheit des Geistes und zur Sinngebung für das eigene Leben führen kann. Lesen zu fördern ist meiner Meinung nach eine der grundlegenden Beziehungselemente zwischen jüdischen Eltern und ihren Kindern, es könnte fast als eine Liebesbeziehung durch Buchstaben bezeichnet werden. Gerade deshalb hat auch der Zentralrat der Juden in Deutschland das Projekt *»PJ Library«* (Pyjama-Bibliothek) ins Leben gerufen. Dieses hat zum Ziel, allen Kindern, deren Eltern Mitglied einer jüdischen Gemeinde sind, regelmäßig Kinderbücher zu einer jüdischen Thematik zu übersenden, damit schon ganz früh Eltern zum Vorlesen und Kinder zum Lesen motiviert werden. Ganz der These von Amos Oz folgend: »Um eine jüdische Familie zu bleiben, musste eine jüdische Familie sich zwangsläufig auf Worte beziehen. Nicht auf irgendwelche Worte, sondern auf Worte aus Büchern.«[11] Micha Brumlik betont diese Verbindung von Schrift, Lesen und dem Denken des Judentums, wenn er schreibt: Auf jeden Fall setzen Stiftung und Durchsetzung einer Buchreligion nicht nur eine Kultur der Schrift voraus, mitsamt professionell sozialisierten und ausgebildeten Schreibern, die in einem eigenen Ethos und in eigenen Schulen erzogen wurden, sondern führen zu einer Kultur des Lesens, des Verlesens und des Vorlesens.[12]

Meine Mutter verband mit dem Lesen Freiheit, aber auch etwas Widerständiges oder auch vielleicht einen Triumph gegen die Ideologie des Nationalsozialismus. So empfahl sie mir jene Autoren, deren Werke während der Zeit des Nationalsozialismus zu den verbotenen Büchern gehörten, also vorrangig Bücher von jüdischen Autoren, insbesondere aus der Zeit des Wien um 1900, aber auch der Zwischenkriegszeit. Mir und meinen Geschwistern den Zugang zu diesen Büchern zu eröffnen bedeutete für sie, so scheint es mir heute, ein Stück Triumph über die beschränkte Geisteswelt der Nationalsozialisten zu sein.

»Wenn nicht wir, wer dann«: Eine wichtige Folgerung dieses Gedankens aus den Sprüchen der Väter war für mich die Frage, wie dieses lebendig gelebte Judentum denn aussehen kann, wenn man in einer mehrheitlich nicht-jüdischen Umgebung lebt. Es wurde mir immer mehr bewusst, dass das Wissen um die Schoa kaum ausreichen kann, um jüdische Identität zu stiften und zu bewahren. Das, was mich vor allem geprägt hat, konnte und wollte ich nicht zur Grundlage meiner jüdischen Erfahrung für mein weiteres Leben machen. Wie der Gelehrte Hillel es in seinem Satz »Was du nicht willst, dass man dir tut, das füg auch keinem anderen zu« bereits als psychologisches Wissen zum Ausdruck brachte, ist es leichter zu wissen, was man nicht oder nicht mehr möchte, ohne oftmals bereits klar definieren zu können, wohin die Reise gehen soll.

Dabei ist das Prinzip des Sich-auf-den-Weg-Machens, um Sinn zu finden, das Entscheidende. Das heißt: Loszulassen von manchem Vertrauten, um in einem scheinbaren Chaos oder in der Unsicherheit für sich eine Ordnung zu entwickeln, scheint eine der Aufgaben des Lebens zu sein. Dabei kann der Glaube eine wichtige Funktion erfüllen, indem er Wege aufzeigen und anbieten kann. In diesem Sinn ist für mich Abraham als Urvater der drei abrahamitischen Religionen für mein Leben maßgebend. Denn er hat sich auf den Weg gemacht in eine unsichere Zukunft, jedoch durch seinen Glauben eingebettet in Zuversicht und Vertrauen. Dieses Sich-auf-den-Weg-Machen bedeutet immer eine individuelle Entscheidung und erfordert in diesem Sinn auch die Bereitschaft, allein für diesen Schritt die Verantwortung zu übernehmen.

Sinnsuche bedeutet für mich auch, nicht vorgeformten Ideologien zu folgen, weil es vielleicht bequem ist, sondern Antworten auf Fragen zu finden, die uns das Leben täglich stellt.

Wer etwa hätte vor Kurzem noch gedacht, dass ein für das Auge unsichtbares Virus die menschliche Gesellschaft, unser aller Zusammenleben innerhalb kürzester Zeit existenziell bedroht? Dass viele Grundlagen unseres modernen Lebens wie Wirtschaftswachstum, Konsum, grenzenloser Tourismus, Zugang zu persönlicher Bildung und Bildungsinstitutionen, aber auch ethische Grundfesten wie Krankenbesuche, medizinische Versorgung, Sterbebegleitung, menschlicher Zusammenhalt und Kommunikation, Familienzusammentreffen plötzlich gefährdet sind? Im Blick auf die Auswirkungen der Corona-Pandemie stand für jeden von uns täglich die Frage vor Augen: Mache ich dieses oder unterlasse ich jenes, treffe ich diesen Menschen oder suche ich andere Wege, um Kommunikation aufrechtzuerhalten, stelle ich mein Bedürfnis nach Begegnung in den Vordergrund oder nehme ich Rücksicht, um andere nicht zu gefährden. Trotz der Hygieneregeln und der Vorgaben der staatlichen Behörden blieben doch viele Entscheidungen jedem Individuum vorbehalten. Die Haltung zu den Einschränkungen, die uns die Pandemie auferlegte, war und ist eine höchstpersönliche und wurde und wird auch individuell ganz unterschiedlich entwickelt und ausgelebt.

In diesem Sinn, lieber Michael, verstehe ich auch die Gebotsgabe am Berg Sinai, unabhängig davon, ob wir wie im Judentum von 613 Geboten und Verboten oder wie im Christentum von 10 Geboten ausgehen: Es geht dabei um Handlungsspielräume, entlang derer wir Entscheidungen zu treffen haben. Für mich stellen sie keine Tunnel mit starren Wegführungen dar, sondern Denkräume, die uns verpflichten, Entscheidungen zu treffen und Antworten zu finden, die im unmittelbar begrenzten Umfeld oder im Großen dazu führen *Tikkun Olam,* die Verbesserung der Welt, ein Stückchen voranzubringen.

Was mir mit diesem Satz »Wenn nicht wir, wer dann« noch einmal deutlich wurde, ist vor allem in den letzten Jahren der Wunsch nach einem gegenseitig differenzierteren Wahrnehmen von jüdischen und nicht-jüdischen Menschen in Deutschland und einer Begegnung im Bewusstsein der Unterschiede und der Gemeinsamkeiten. Du hattest Meinhard Tenné erwähnt, der als seinerzeitiger Vorstandssprecher der Israelitischen Religionsgemeinschaft Württemberg den Weg in die hiesige Gesellschaft bahnte und bewusst die Brücke baute zu Institutionen und Menschen in Stuttgart. Sehr oft beobachtete ich bei den Gedenkveranstaltungen und Stunden der Besinnung eine festgefahrene Rollenzuschreibung: Als Jüdinnen und Juden wurde man als Opfer oder Nachfahre von Opfern in der öffentlichen Sicht wahrgenommen, denen man mit Scheu, Befangenheit, Zurückhaltung oftmals auch mit Eingeständnissen der Schuld (bisweilen als fast ritualisierte Formen durchgeführt) von deutscher Seite begegnete. So erinnere ich mich an die Begrüßung anlässlich der Antrittsvorlesung meines Mannes an der Universität Stuttgart, als man mir wohlmeinend und mit Bezug auf unseren religiös-kulturellen Hintergrund ein Geschenk überreichte: Es war ein Buch über die Friedhöfe in Württemberg. Zu diesem Zeitpunkt war ich gerade mit zwei kleinen Kindern in Stuttgart angekommen, um hier unseren Wohnsitz aufzuschlagen.

Es gab wenige Momente der Begegnung, in der man zum Beispiel auch miteinander lachen konnte. Und wenn gestritten wurde, so verlief dies wieder im Rahmen der festgelegten Rollenzuschreibungen. Was mich angetrieben hat und auch heute antreibt, mich auch institutionell für das Judentum zu engagieren, war der Wunsch einer Begegnung auf Augenhöhe und dabei bei weitem nicht nur mit dem Blick auf die Gemeinsamkeiten, wie er für viele Jahre für die christlich-jüdische Zusammenarbeit üblich war, sondern auch in der Ermöglichung der Akzeptanz von Unterschieden.

Jüdische Bildung bedeutet stets nicht nur intellektuelle Bildung, sondern auch und in besonderem Maße Bildung des Herzens und der Seele. Dieser Aspekt hat in unserer Familie eine große Bedeutung eingenommen. Dem anderen seine Würde zu geben und zu vermitteln, gerade auch dem Bedürftigen oder Schwachen, ist ein wichtiger Pfeiler der jüdischen Herzensbildung.

Was wurde für Dich prägend in Deiner persönlichen Bildungs-Geschichte?

Barbara

Karl Popper lese ich bis heute von allen Philosophen am meisten

Jüdische Denker und Denkerinnen auf meinem Bildungsweg

Liebe Barbara,

vielen Dank für die bewegenden Einblicke in Deine Kindheit und Deine Erinnerungen! Fürsorge und Verfolgungen im Austrofaschismus ... Für uns Deutsche klingt »Austro« zunächst erst einmal gemütlich, freundlich, unbedrohlich. Aber durch Deine Schilderungen ist mir auch emotional noch einmal klar geworden, dass sich große Teile Österreichs 1938 willig Adolf Hitler unterwarfen – und gemeinsam mit den deutschen Antisemiten Ausgrenzungs-, Vertreibungs- und Ermordungskampagnen betrieben. Nichts ist niedlich am Faschismus.

Nun habe ich aber auch den Eindruck, Dich ein wenig besser zu verstehen. Als ich damals als Arbeiterkind mit ostdeutschen Wurzeln, als junger Bank-Azubi und Mitvorsitzender einer Christlich-Islamischen Gesellschaft mit einer deutsch-türkischen Verlobten erstmals mit der jüdischen Gemeinde in Kontakt kam, fühlte ich mich vor allem unter Akademikern oft sehr unsicher. Aber bei Meinhard, Dir, Susanne Jakubowski, Michael Kashi und einigen anderen hatte ich nie das Gefühl, mich beweisen zu müssen. Ich hatte das Gefühl, Neugier und Engagement reichten aus, um auch in der jüdischen Gemeinde akzeptiert zu werden. Eine große Rolle spielte sicher, dass sehr viele Neuzuwanderer aus Russland die jüdische Gemeinde in Stuttgart einerseits belebten, aber auch herausforderten. Da gab es eher ethnisch eingestellte Personen, die vor allem auf ihre Abstammung stolz waren und Christen oder gar Muslimen mit türkischen oder arabischen Wurzeln entsprechend zurückhaltend begegneten. Bei Dir hatte ich aber immer wieder das Gefühl, dass Du über Herkunft und Zustand hinaus das Potential in Menschen gesehen hast. Hast Du deswegen Psychologie studiert?

Oh, entschuldige – ich bin schon wieder am Fragen, bevor ich auf Deine Frage geantwortet habe. Du wolltest wissen, wie ich den Zugang zu Bildung erfahren habe.

Nun, meine Eltern kamen aus der damaligen DDR. Mein systemkritischer Vater war in der Armee von einem Kameraden verraten und wegen versuchter Republikflucht in verschiedenen Stasi-Gefängnissen interniert und gefoltert worden. Die Bundesrepublik hatte meine Eltern schließlich in den Westen freigekauft. Meinem Vater war jede Rückreise verboten, aber meine Mutter, meine Schwester und ich durften im Sommer die Großeltern und weitere Verwandte besuchen. Ich erinnere mich bis heute an die kaltweiße Grenzmauer und bewaffneten Wachen, an den Zwangsumtausch der D-Mark in »Getränkechips«, wie die DDR-Mark verspottet wurde, an lange Sommerferien auf einem Bauernhaus voller Ecken und Bücher. Vor allem aber erinnere ich mich an die Tränen unterm Weihnachtsbaum, weil wir ja jedes Jahr neu entscheiden mussten, ob wir mit dem Vater oder den Großeltern feierten. Das spielte sicher eine Rolle, warum ich unserer Demokratie – bei all ihren Schwächen – für Freiheit und Rechtstaatlichkeit so dankbar bin. Als in Westdeutschland der Begriff »Politikverdrossenheit« um sich griff, wurde ich richtig sauer und wohl auch ein bisschen selbstgerecht. Ich erzählte Gleichaltrigen und Älteren, dass sie ja gar keine Ahnung hätten, wie wertvoll Freiheit und das Fehlen von Angst ist. Vielleicht kannst Du mich ein wenig verstehen.

Im wunderbar treffenden Film »Masel Tov Cocktail«[13] wird ja sehr deutlich gezeigt, dass auch heute noch viele Deutsche die Erzählung pflegen, ihre Vorfahren seien praktisch alle im Widerstand gewesen und hätten Juden gerettet. Diese Ausflucht stand mir nie zur Verfügung. Meine Familie stammte aus Nord- und Ostdeutschland, plus einer Oma aus der Schweiz. Sie haben beide Diktaturen erlebt – und zwar jeweils als Opfer *und* Täter. So gehörte ein Zweig zu den Zeugen Jehovas, der aber nach dem Ausfallen von Weltuntergangsdaten zerfiel. Ein Uropa von mir hielt jedoch störrisch daran fest und wurde in einem frühen KZ so schwer misshandelt, dass er bald nach der Entlassung verstarb. Sein Sohn, mein Opa, hatte da aber längst jeden Glauben verloren und schloss sich nacheinander der I. G. Farben der Nationalsozialisten und dann in der DDR den Kommunisten an. Das war nicht nur Mitlaufen, das war Mittun. Die üblichen Geschichten, meine Schweizer Oma habe hungernden Zwangsarbeitern in der Fabrik Essen zugesteckt, sehe ich eher mit Skepsis. Auch nachdem mein Onkel Richard als Kleinkind nach Fliegerangriffen mangels Medikamenten an einem Fieber verstarb, führte das nur zu neuer Unterwerfung unter die folgenden, nun eben roten Herren. Mein Vater und seine beiden Brüder lehnten sich schließlich gegen die autoritären, auch gewalttätigen Verhältnisse zu Hause auf, ohne das alles abschütteln zu können. Einerseits wurde ich sehr frei erzogen und auch nicht getauft. Dass meine Mutter im Gegensatz zu den »reicheren« Bürgerinnen des Ortes eigentlich immer als Krankenschwester gearbeitet, später auch mal einen Laden betrieben hat, um sich selbst als Chefin zu spüren – darauf war ich bald eher stolz. Andererseits war körperliche Schwäche bei mir als Jungen von meinem Vater nicht gern gesehen. Sicher auch deswegen ging ich zur Überraschung vieler zum freiwillig verlängerten Wehrdienst. Und als ich schließlich eine Partnerin türkischer Herkunft zu Hause vorstellte, höhnte ein Onkel allen Ernstes noch über »Rassenschande«.

Weil es ein großes Interesse an deutsch-türkischen und christlich-islamischen Geschichten gab und sich immer mehr gemischte Paare finden, hat Andreas Malessa unsere Lebensgeschichte recherchiert und aufgeschrieben.[14] Durch ihn habe ich mich auch selbst besser verstanden. Da war die schwere Krankheit als Kind, die mich monatelang ans Bett fesselte, aber mich noch vor der Einschulung zum Leser machte. Seitdem ist für mich das Aufschlagen eines Buches der Weg in eine Welt ohne Schmerzen. Meine Mutter und ich sprechen bis heute darüber, wie unterschiedlich wir einen Kindheitstraum von mir in der Stuttgarter Kinderklinik erlebt haben. Ich hatte ihr nach einer Reihe schmerzhafter Infusionen aus dem Krankenbett strahlend erzählt, dass ich von Engeln geträumt hatte und diese mich ins Leben zurückgeschickt hatten, weil ich noch »Aufgaben« zu erledigen hätte. Und »erst dann« würde ich sie wiedersehen! Doch meine Mutter, eine gelernte Krankenschwester, weinte und zürnte, weil sie das als Vorboten eines baldigen Todes deutete und bis heute Schwierigkeiten mit einem »lieben Gott« hat, der Kinder leiden lässt.

Lange Jahre, bevor ich mich taufen ließ, packten mich einzelne Aussagen eines Philosophen: Karl Popper (1902–1994). Wie ich später erfuhr, war auch er ja wie Du ein Wiener und hatte schließlich, trotz Taufe, aufgrund seiner jüdischen Herkunft mitsamt seiner Frau vor den Nazis fliehen müssen. Von ihm stammte das so einfach klingende, aber für mich bis heute weltbewegende Prinzip der Falsifikation: Eine wissenschaftliche Theorie zeichnet sich dadurch aus, dass sie sich überprüfen und also widerlegen lässt!

Mein Vater fuhr jeden Morgen im Ort die Zeitungen aus – ich übernahm dann als Jugendlicher das Austragen der Sonntagsausgabe –, und so gab es jeden Morgen zum Frühstück einen Stapel bedrucktes Papier. Und obwohl meine Eltern nicht viel Geld verdienten und keinerlei begüterte Verwandtschaft hatten, kann ich mich nicht erinnern, dass sie mir jeweils den Wunsch nach einem wissenschaftlich orientierten Heft oder Buch abschlugen. »Dein Abi musst du schon selber schaffen, also pack es ein!« war so ein Satz zwischen Liebe und Verpflichtung. Ich verschlang vor allem auch Sachtexte und entdeckte Popper als meinen Leitstern, um Wissenschaft von Bullshit zu unterscheiden. Ich verstand ihn so: Dass die Sonne jeden Morgen aufgeht, beweist nicht, dass sie in alle Ewigkeit aufgehen wird. Aber wenn wir das akzeptieren, können wir durch überprüfbare Theorien immer Neues über die Sonne entdecken. Bis heute schmeckt für mich Wissenschaft nach der Freiheit, Neues herauszufinden.

Poppers kritischer Realismus führt zu einer offenen, stetig lernenden Gesellschaft. Die sogenannte Induktion – das vermeintliche Entdecken ewiger Regeln auch für menschliches Verhalten wie bei Hegel und Marx – führt dagegen in geschlossene, schließlich lebensfeindliche Ideologien.

Dass ich aber dennoch nicht zum plumpen Reduktionisten wurde, lag an meiner Freude als nerdiger Bücherwurm an Fantasy-Rollenspielen, Romanen sowie einem frühen C64-Computer, der kultigen Brotmaschine. Ich entdeckte, dass wir vieles Wichtige im Leben – wie Kreativität, Sinn, Liebe, Menschenrechte – wissenschaftlich zwar erforschen, aber nicht beweisen können. Nach Popper können wir eben auch wissen und entscheiden, was wir glauben, lieben, hoffen wollen. Im Ethik-Unterricht hatte ich schließlich diese umwerfende Nebensitzerin, die an Allah glaubte. Und als Zehra merkte, dass ich in der Bank und im Volkswirtschafts-Studium nicht glücklich werden würde, unterstützte sie mich schließlich im Wagnis, Religions- und Politikwissenschaft zu studieren. Ein Begabtenstipendium der Konrad-Adenauer-Stiftung half mir vor allem, mich nicht mehr als Nerd alleine zu fühlen. Bildung ist für mich also Freiheit, Glück, Sinn gewesen – und schließlich akzeptierte auch mein Vater, dass ich zwar ein Bücherwurm, aber kein Versager war. Mit jeder Beförderung und mit der Doktorurkunde bin ich direkt zu ihm gegangen. Und kurz vor seinem Tod konnten wir uns aussprechen – und er bat mich sogar, ihm ein christliches Begräbnis zu organisieren. Vergangenheit prägt uns alle, aber sie muss uns nicht gefangen halten.

Popper lese ich bis heute von allen Philosophen am meisten, obwohl ich inzwischen in manchen Details anderer Meinung bin, als er es war. Aber genau das hätte er ja gewollt und erwartet! Mein Lieblingszitat von ihm kennt leider kaum jemand. Es stammt aus einer Anmerkung zu Karl Marx und begründet das, was er »pragmatischen Rationalismus« nennt: »Die ›Welt‹ ist nicht rational. Es ist aber die Aufgabe der Wissenschaft, sie zu rationalisieren.« Das trifft mein Verständnis von geistiger Bildung. Falls es Zeit für das Wiedersehen mit den Engeln wird und Zehra einverstanden sein sollte, könnte dieser Satz in Kombination mit einem religiösen Symbol auf meinem Grabstein stehen. In der Balance von Rationalem und Irrationalem leben wir wirklich.

Zu Popper kamen später noch fünf weitere Philosophinnen und Philosophen dazu, die ich bis heute lese. Die Schweizer Jüdin Jeanne Hersch hat meines Erachtens gerade auch als Lehrerin und UN-Mitarbeiterin so klar und verständlich wie keine Zweite über das Geheimnis der Zeit und die damit verbundenen Gefahren gesprochen. Sie beschrieb jene, die sich in einer idealisierten Vergangenheit jenseits der Wirklichkeit verlieren. Und sie benannte jene, die eine idealisierte Zukunft durch Revolution oder gar Gewalt herbeiführen wollen. Hersch wusste: Wo beides verbunden wird – die Verleugnung der realen Geschichte und das angebliche Ende der Geschichte nach einem Sieg über eine vermeintliche Weltverschwörung –, wurde und wird es immer wieder verschwörungsmythisch und mörderisch. Dagegen betonte sie, dass es »in der menschlichen geschichtlichen Zeit eine Artikulation hat, die es in der Natur gar nicht gibt, und das ist das Jetzt«. Hier wird nicht weniger als das tiefe Geheimnis des biblisch-hebräischen *hineni* – »Hier bin ich!« – von Abraham, Mose und Josef in die säkulare Philosophie des 20. Jahrhunderts übersetzt. In Herschs eigenen Worten: »Die Verabredung ist jetzt, und wenn man das Jetzt verpasst, wirkt man nicht auf die Wirklichkeit.«

Da wir in einer historischen Phase auch digitaler Beschleunigung und Verrohung leben, käme es sogar ganz besonders darauf an, die Höhen und Tiefen der Zeit besser zu verstehen. Schreiben wir beide nicht auch in unseren Briefen über 1700 Jahre jüdischen Lebens in den deutschen Landen genau darüber? Laut biblischer Überlieferung ist »Bildung« eine Zeitaufgabe: Wir »sind« als Menschen von Anfang an in Gottes Ebenbild angelegt, sollen uns lebenslang im Hinblick auf die Zukunft fort- und weiterbilden, doch können einander immer wieder nur im Jetzt »bilden«. Also wieder, für alle Menschen: Wenn nicht wir, wer dann?

Hersch studierte übrigens ebenso wie ihre viel bekanntere Zeitgenossin Hannah Arendt sowohl bei Karl Jaspers – der die »Achsenzeit« bekannt machte – wie auch beim späteren Antisemiten Martin Heidegger mit dessen Hauptwerk »Sein und Zeit«. Doch die Schweizerin fand bislang leider viel weniger Beachtung als Arendt und wurde auch nicht einmal in das wunderbare »222 Juden verändern die Welt« von Mario Markus[15] aufgenommen! Vielleicht finden sich ja Eidgenossinnen und

Eidgenossen, die mithelfen würden, Jeanne Herschs Philosophie der Zeit mindestens im deutschsprachigen Raum so bekannt zu machen, wie sie es verdient hat?

Über Elie Wiesels »Weisheit des Talmud« begann ich nach dem Islam auch das Judentum zu verstehen. Ich halte es für eine Schande, dass die meisten Werke dieses Holocaust-Überlebenden und Friedensnobelpreisträgers, der unter anderem auf dem Karlsruher Kirchentag, im Bundestag und zu Angela Merkel und Barack Obama in Buchenwald sprach, heute auf Deutsch gar nicht mehr erhältlich sind. Deswegen kämpfe ich darum, dass Baden-Württemberg diesen geistigen Schatz wieder zugänglich macht. Denn Wiesel, der als Hochschullehrer auch deutsche christliche Schüler förderte, steht für mich für das jüdische »Dennoch«, zu leben, glauben und hoffen nach dem Holocaust, und hätte auch dem 21. Jahrhundert viel zu sagen.

In die Geheimnisse der Mythen tauche ich am liebsten mit Hans Blumenberg (1920–1996) ein. Er musste im »Dritten Reich« sein Studium der katholischen Theologie abbrechen und wurde aufgrund der jüdischen Herkunft seiner Mutter zur Zwangsarbeit eingezogen. Doch er reüssierte dann auch außerhalb der Theologie und hinterließ der Welt mit seiner Frau vier Kinder und als Philosoph eine Reihe großartiger Bücher wie »Arbeit am Mythos«. Wenn ich irgendwo feststecke, lese ich einfach ein wenig Blumenberg, der mit seinen tiefen Beobachtungen alle Gedankengrenzen sprengt.

Selbstverständlich schätze ich aber nicht nur deutsch-jüdische Gelehrte: Über Charles Darwin habe ich eine kleine Biografie geschrieben, zumal kaum jemand weiß, dass er seinen einzigen Studienabschluss in anglikanisch-christlicher Theologie erwarb. Mich hatten ursprünglich seine Theorien zur Evolution der Religion interessiert, aber er war auch als Mensch sehr vielschichtig, protestierte gegen Sklaverei und Antisemitismus. Dazu entdeckte ich die großartige Antoinette Brown-Blackwell (1825–1921), die nicht nur die erste Pastorin der USA war, sondern auch eine faszinierende Frauenrechtlerin, moderne Ehefrau und Mutter von sechs Kindern, Rednerin und Schriftstellerin und schließlich auch noch eine kundige Wissenschaftlerin, die einen Fehler in Darwins Argumentation zum Geschlechterverhältnis beim Menschen entdeckte. Sie schrieb ein ganzes, wunderbares Buch dazu, das jedoch – auch von Darwin selbst – ignoriert wurde. Ihre Entdeckung wurde ein Jahrhundert später noch einmal von einem Mann gemacht, dem sie seitdem zugeschrieben wird. Ich versuche immer wieder an diese faszinierende und vorbildliche Frau zu erinnern und habe ihr und Meinhard Tenné auch mein erstes Buch gegen Antisemitismus gewidmet.

Derzeit lese ich von und über den berühmtesten Schüler von Karl Popper, den Holocaust-Überlebenden und Milliardär George Soros. Dieser hat sein erstes Werk und sogar seine Open Society-Stiftung nach Poppers Hauptwerk benannt. Dass er schließlich auf Druck des zunehmend antisemitisch argumentierenden Viktor Orban die von ihm gegründete Central European University (CEU) teilweise von Budapest nach Wien verlegen musste, schließt in einer beunruhigenden Weise einen historischen Kreis. Antisemiten stellen sich besonders hasserfüllt und bösartig gegen Überlebende der Schoa wie Elie Wiesel und George Soros, die nach dem Holocaust weltweit erfolgreich und bekannt wurden. Aber gerade auch deswegen sollten wir den Hassern nicht erlauben, sie zu übertönen, sondern ihre eigenen Stimmen hören und lesen.

Ich hoffe also, ich konnte deutlich machen, dass Bildung – insbesondere das Lesen und die Freude am Entdecken – mein Leben bestimmt haben. Sie erfreuen und motivieren mich, haben es mir erlaubt, auch mit meinem Vater Frieden zu schließen, aus diktatorischen Prägungen in die Freiheit zu gehen, meine Familie gut zu versorgen und etwas zu bewirken. Dass viele bedeutende Wissenschaftler wie Einstein und Wittgenstein, Gelehrte wie Theodor W. Adorno und Martin Buber, Philosophinnen wie Jeanne Hersch und Hannah Arendt einen deutschsprachig-jüdischen Hintergrund hatten, halte ich nicht für einen bloßen Zufall, sondern für ein Ergebnis der über Jahrtausende gepflegten Liebe zum Alphabet und zur Bildung. Das – und keine sogenannte »Rasse« – macht für mich den Semitismus aus, der aus der Tora zu allen fließt, die sich ihm öffnen. Ich bedauere jeden Menschen, der sich vor lauter Antisemitismus, also

Neid, Hass und Verschwörungsmythen, den Zugang gegenüber den gerade auch deutschsprachigen Schätzen des Zusammenlebens verschließt. Und ich versuche gerade auch meinen Studierenden zu vermitteln, wie viel sie auch für ihre je eigenen Wissenschaften, Religionen und Weltanschauungen gewinnen können, wenn sie ohne Angst, Komplexe und Vorurteile aus der Vergangenheit für ihre und unsere Zukunft lernen. Ohne gesunde und in viele Richtungen tiefe Wurzeln kann kein Baum in den Himmel wachsen.

Liebe Barbara, nun habe ich Dir gegenüber mit Sir Karl Popper den Denker benannt, der mir wie kein Zweiter Jugend, Bildung und Wissenslaufbahn aufschloss. Darf ich konkret nachfragen, welche Psychologen für Dich besondere Bedeutung hatten? Was meinst Du: Warum wurde ausgerechnet Wien zu einer Wiege der europäischen und inzwischen globalen Psychologie?

Michael

Leben heißt, Fragen zu stellen und Antworten zu geben
Viktor Frankls Bedeutung für mein Leben und Arbeiten

Lieber Michael,

wenn ich Dir über die Bedeutung des Psychologen Viktor Frankl (1905–1997) für mich schreibe, dann muss ich an die Bedeutung des Lesens in meiner Familie erinnern. Denn die erste Anregung, sein Buch über sein Überleben im Konzentrationslager und die daraus resultierende Entwicklung der Logotherapie habe ich durch meine Mutter erfahren. Sie war es, die mir von Viktor Frankl erzählte und mir die Empfehlung für die Lektüre gab. Neben Werken von Stefan Zweig, Arthur Schnitzler, Leo Perutz oder Lion Feuchtwanger gehörte eben auch Viktor Frankls Biografie »... trotzdem Ja zum Leben sagen«[16] zu jenen Büchern, die sie bereits in meiner Kindheit immer wieder erwähnte und in der Zeit der Pubertät mir dann zum Lesen gab. Viktor Frankl war zu jener Zeit in Wien weitaus weniger bekannt als Sigmund Freud oder auch Alfred Adler. Seine Wiederentdeckung erfolgte in der zweiten Hälfte des 20. Jahrhunderts über die USA, und seine Lehre gewann insbesondere durch ihren existenzphilosophischen Ansatz großen Einfluss auf die Entwicklung der positiven Psychologie und in der Folge der Psychoonkologie (Psychoonkologie ist interdisziplinär arbeitende Psychotherapie in der Begleitung von Krebserkrankten). Seine autobiografische Schilderung der Erlebnisse im Konzentrationslager und die Beschreibung seiner Strategien, um sich psychisch gegen die permanente Entmenschlichung zu schützen und zu wappnen, haben mich in meinem persönlichen wie beruflichen Weg sehr beeinflusst. Durch die Kraft der intensiven Vorstellung und über den Weg der bewussten Ablenkung und Vertiefung in eine andere Situation im Sinne einer Selbsttranszendenz entwickelte er eine Strategie, sich geistig der eigenen Machtlosigkeit und dem Vernichtungsziel der Aufseher des Konzentrationslagers zu entziehen und dadurch diese widrigsten Lebensumstände nicht nur körperlich, sondern auch mental zu überleben.[17] Durch die Macht der inneren Bilder gelang es ihm, ein Stück innere Freiheit in einer Situation des völligen Freiheitsentzugs zu bewahren.

Eine Strategie, die er beschreibt, ist seine Vorstellung, dass er eines Tages in einem Hörsaal vor einem Publikum stehen wird und als Arzt und Psychotherapeut die Lagersituation besprechen und analysieren wird. Denn, und da sehe ich Frankls Verbindung zum Judentum, für ihn hat der Mensch eine Aufgabe zu erfüllen, so konkret und persönlich, wie sie sich im jeweiligen Leben stellt, und die bedeutet, dem Leben einen Sinn zu geben oder wie er den Dichter Hebbel zitierend beschreibt: »Das Leben ist niemals etwas, sondern immer nur die Gelegenheit zu etwas«.[18] Er entwickelte die dritte Wiener Schule der Psychotherapie, die Logotherapie, indem er als Grundlage der menschlichen Triebfeder nicht zuvorderst den Willen zur Lust (wie es Frankl für die Psychoanalyse Sigmund Freuds festhält) oder den Willen zur Macht (wie er es für die Individualpsychologie Alfred Adlers formuliert), sondern den Willen zum Sinn allen anderen seelischen Trieben voranstellt.

> Den einen Aspekt der Selbst-Transzendenz, dem grundlegenden Tatbestand , dass der Mensch über sich selbst hinaus nach einem Sinn langt, den zu erfüllen – und zunächst einmal überhaupt zu entdecken – es gilt, pflege ich mit dem motivationstheoretischen Konzept eines »Willen zum Sinn« zu umreißen.[19]

Frankl weist darauf hin, dass es dabei nicht um Sinngebung im Sinne eines bereits vorhandenen Prinzips als vielmehr um Sinnsuche oder Sinnfindung gehe. Im Judentum beten wir im Achtzehn-Gebet[20] darum, dass unsere Seele dem Frieden nachjage, das heißt dass wir als Menschen uns aktiv um Frieden bemühen müssen. Ähnlich verhält es sich meiner Meinung nach auch mit der Sinnfindung. Nicht das Warten auf Sinngebung durch eine G"ttheit, eine höhere Macht oder eine Ideologie von außen führen zu Sinnfindung, sondern das lebenslange Streben nach Sinngestaltung nicht nur im Wirklichen, sondern auch im Möglichen schaffen ein Gefühl der Sinnhaftigkeit und aus der Perspektive des Judentums der Verbundenheit mit dem einen G"tt, dem Inbegriff der schöpferischen Sinnstiftung.

Dies führt dann auch in der Folge zu einer verstärkten Verantwortungshaltung, das heißt, dass wir uns bewusstwerden, eines Tages und immer wieder für unser Handeln Antwort und Rechenschaft zu geben. In der jüdischen Tradition erfolgt dies jährlich an Jom Kippur, dem Tag, an dem wir vor dem Schöpfer und vor der jüdischen Gemeinschaft unsere Sünden und Verfehlungen bekennen und um Vergebung bitten. Gleichzeitig werden wir an diesem Tag besonders daran erinnert, dass wir einst vor unseren Schöpfer treten werden und für unser Handeln insgesamt Rechenschaft ablegen müssen. Dadurch wird der Einzelne dafür gestärkt, sich dem Konformismus nicht zu fügen und sich dem Totalitarismus nicht zu beugen.[21] Leben heißt nach Frankl, Fragen zu stellen und Antworten zu geben – darin besteht die Dynamik der menschlichen Existenz.

Der Angst des modernen Menschen vor der Vergänglichkeit stellt Frankl die Kontinuität des Aufbewahrtbleibens gegenüber:

> Diesem Aufbewahrtbleiben im Vergangenen tut es nicht Abbruch, wenn das Vergangene aus dem Bewusstsein (aus dem Gedächtnis) verloren wurde: Auch aus dem Bewusstsein verloren, lässt es sich nicht aus der Welt schaffen, sondern ist und bleibt es ›in die Welt geschaffen‹.[22]

Auch darin sehe ich eine aus dem jüdisch-religiösen Denken weiterentwickelte Idee: das Aufbewahrtbleiben im transzendenten Bewusstsein. Das Vertrauen des jüdischen oder überhaupt des religiös eingestellten Menschen darauf, dass es über unser menschliches und zeitlich begrenztes Gedächtnis hinaus ein allumfassendes transzendentes Gedächtnis gibt, in dem unsere »Handlungen, die guten wie die bösen, aufbewahrt« sind. Deshalb ist für Maimonides in seiner Darlegung der acht Stufen der *Zedaka* (»Wohltätigkeit«) die höchste Stufe der Spendengabe jene, in der der Spendengeber und der Spendenempfänger unbenannt bleiben. Oberflächlich betrachtet, könnte man sagen, es geht dabei nur um die Überwindung der eigenen Eitelkeit. Aber in einem tieferen Schriftsinn ist hier das Vertrauen auf eine höhere transzendente Instanz gemeint, bei der die gute Handlung gespeichert wird. Aber diese bleibt nicht nur irgendwo in der Transzendenz verborgen, sondern wirkt auch wieder in die Welt zurück – das ist das jüdische Verständnis der Verbesserung der Welt, *Tikkun Olam*.

So wie das menschliche Bewusstsein über die Gegenwart hinaus zwischen Vergangenheit und Zukunft oszilliert, so liegt das Wesen der menschlichen Existenz in deren Selbsttranszendenz, das heißt in deren Ausgerichtet-Sein und Hingeordnet-Sein auf etwas oder auf jemanden, Hingegeben-Sein an ein Werk, dem sich der Mensch widmet, an einen Menschen, den er liebt, oder an G"tt, dem er dient.

Was mich tief beeindruckte, war und ist die Erkenntnis, dass das traumatische Ereignis als solches nicht zwangsläufig schädigend oder krankmachend wirken muss, sondern dass die Verarbeitung desselben eine entscheidende Rolle spielt. Die Einstellung zu demselben und die Ressourcen, die ein Mensch zur Verfügung hat, haben einen großen Einfluss darauf, ob ein Mensch trotz des Erlebens einer langanhaltenden widrigen oder gewalttätigen Lebenssituation dieses seelisch einordnen und wieder eine Zukunftsperspektive entwickeln kann, ohne daran zu zerbrechen. Meine Großtante Emma Weissmann, die mich in meiner Berufswahl stark beeinflusst hat, vertrat die Ansicht, als Psychotherapeutin hasse sie das Wort »verarbeiten«. Allein das Wort sei vollkommen unpassend, weil damit eine Begrifflichkeit für technisches Handeln, an dessen Ende ein neues Produkt steht, für einen seelischen Prozess verwendet wird. Traumatische Erlebnisse dagegen begleiten einen Menschen ein Leben lang und werden in den unterschiedlichen Lebensphasen auch unterschiedlich wirksam. Sie, die selbst Schoa-Überlebende war, sprach von einem Weiterleben, von einem seelischen Zwischenstatus zwischen Verdrängen und Bewusstmachen. Ihre Einstellung glich einerseits der Ruth Klügers, wies aber auch viele Parallelen zu Edith Eger auf, über die ich Dir gleich berichten möchte. Was viele Schoa-Überlebende verbindet, war das Bestreben, möglichst schnell ein Weiterleben zu gestalten, eine Familie zu gründen und all das Erlebte, so gut es ging, zu verdrängen. Bei vielen traten die Erlebnisse zeitweise in Träumen, Begegnungen oder Bildern dennoch immer wieder hervor und lösten Stresserscheinungen und panikartige Ängste aus. Anderen gelang es mehr oder weniger besser, das Erlebte über einen langen Zeitraum wegzudrängen. Oftmals ist dann erst Jahre später durch einen Auslöser die Erinnerung an das Geschehene hervorgebrochen und ließ sich nicht mehr zurückschieben. Die »Gespenster« der Vergangenheit tauchten plötzlich wieder auf, wie es Ruth Klüger in ihrer Autobiografie »weiter leben« beschreibt.[23] Für andere brachen diese Flash-backs schon sehr bald und unvermittelt über sie herein. Bei meiner Großtante erlebte ich dieses Hereinbrechen erst gegen Ende ihres Lebens. Über viele Jahre gelang es ihr, zu schweigen und zu verdrängen, indem sie sich als amerikanische Staatsbürgerin ein neues Leben aufgebaut hatte. Als sie viele Jahre nach der geglückten Emigration in die Vereinigten Staaten auf Wunsch ihres Mannes Wien und uns besuchte, kam sie als selbstbewusste Amerikanerin, deren Deutsch mit vielen Anglizismen versehen war, zurück, so als ob sie Deutsch verlernt habe, und zeigte eine deutliche Abgrenzung zu der Stadt und dem Land, das viele ihrer Familienmitglieder vertrieben und der Ermordung preisgegeben hatte. Auch uns als Familienangehörige behandelte sie ein wenig als Überbleibsel einer alten Welt, die sie überwunden hatte. Nur wir Kinder waren für die Emigrantin ein Hoffnungsstrahl, der ihnen Österreich ein wenig näherbrachte. Meine Großtante hatte während der Schoa Mut und Entschlossenheit gezeigt, indem es ihr gelang, ihren Mann aus dem Lager in Paris herauszuholen und die Flucht zu organisieren. Um den Fluchtplan nicht ins Wanken zu bringen, verschwieg sie ihrem Mann zunächst auch, nachdem sie von der Deportation der Schwiegermutter über Mittelsmänner erfahren hatte, deren Deportation nach Auschwitz. Durch die enge Verbindung zwischen Mutter und Sohn wäre dadurch möglicherweise die Reise ins rettende Exil gefährdet gewesen. Und dann erlebte ich sie viele Jahre später, als sie den zweiten Herzinfarkt erlitten hatte, da sie mir berichtete, wie die Angst sie im Krankenhaus aus dem Nichts überfallen hatte und sie plötzlich überzeugt gewesen sei, im Krankenhaus nicht behandelt, sondern getötet zu werden. Sie befand sich zu jenem Zeitpunkt in der Wiener Poliklinik, jenem Krankenhaus, in dem vor der Schoa sehr viele jüdische Ärzte gewirkt hatten. Einer jungen Ärztin, die ihre Panik und Qual erahnt hatte, war es zu verdanken, indem sie sich mehrere

Stunden an ihr Bett setzte, dass sie schließlich wieder Vertrauen zu den Ärzten und der Behandlung entwickeln konnte. Ganz anders verhielt sich meine Großmutter, die bis zu ihrem Lebensende über die Zeit der Schoa kaum mit uns sprach und auch kaum eine Gefühlsregung für uns Enkelkinder erkennbar werden ließ.

Frankl selbst hat sein Wissen um die Kraft der Psychotherapie – er selbst spricht zumeist von der Seelenheilkunde – eingesetzt, um die unmenschliche Situation des Konzentrationslagers auszuhalten – und hat später diese Erfahrungen eingesetzt, um daraus die Grundlage der Logotherapie zu entwickeln.

Einen ähnlichen Ansatz verfolgt auch die Psychologin Edith Eger (* 1927) in ihrer 2017 veröffentlichten Autobiografie »The Choice«.[24] Auch sie ist eine Überlebende der Schoa und der Konzentrationslager und widmete sich später der Psychotherapie. Ihre Ausbildung als Psychotherapeutin ist schließlich nicht nur ein wichtiger Baustein, um die traumatische Zeit in dem Konzentrationslage Auschwitz und das daraus resultierende quälende Schuldgefühl für den Tod der Mutter einordnen zu können, sondern hilft ihr, Sinngestaltung für ihr Leben zu geben. Die Erkenntnis, die sie aus dem Erleben folgert, ist, dass der Mensch letztendlich für sich die Wahl treffen kann und muss, wie er sich zu einem Trauma stellt. Ob er sich ein Leben lang als Opfer fühlt oder dieses Erleben in ein sinnvolles Handeln verwandeln kann. In ihrer Autobiografie »The Choice« erklärt sie, warum Frankls Autobiografie ihr Leben so sehr beeinflusst hat. Dass sie in einem langen Prozess der Auseinandersetzung mit der Erfahrung des Traumas und des Überlebens gelernt hat, allmählich ihre Schuldgefühle und Selbstvorwürfe, überlebt zu haben, einordnen und so ein Gefühl der Dankbarkeit, überlebt zu haben, entwickeln konnte. Diese Selbstbeobachtung führte sie zu der Erkenntnis, dass wir zwar Opfer eines Traumas werden können, aber deshalb nicht zwangsläufig Opfer bleiben müssen. Es gibt oftmals die Möglichkeit der Entscheidung, trotz des erlebten Grauens dieses Leben, so wie es ist, anzunehmen.

Sowohl ihr wie auch Viktor Frankl und vielen Überlebenden der Schoa gelang es, aus dem erlebten Leid eine innere Kraft zu entwickeln, die es ihnen ermöglichte, sich von dem seelischen Zustand des Opfers zu befreien, die Vergangenheit stehen zu lassen und ein neues verändertes Leben zu entfalten.[25] Leiden als solches ist universell, begleitet unser Leben vom Moment des Geborenwerdens an, aber wie wir mit Leiderfahrungen umgehen, wie wir sie be-wältigen oder diese uns über-wältigen, hängt zwar von vielen Faktoren ab, aber wir haben oftmals auch eine Möglichkeit unsere Einstellung dahingehend zu beeinflussen, dass wir etwas daraus schöpfen können, das unserem Leben dennoch neue Impulse geben kann.

Ein Satz, der sich mir tief eingeprägt hat, ist ihre Erkenntnis, dass wir ein Gefühl der Trauer nicht nur über das empfinden, was geschehen ist oder was wir verloren haben, sondern noch viel mehr Trauer empfinden über das, was sich nie mehr würde ereignen können.

Diesen Zustand der Trauer erlebe ich immer wieder in meiner Arbeit als Psychoonkologin bei Menschen, die mit der Diagnose einer unheilbaren weit fortgeschrittenen Krebserkrankung konfrontiert sind: Die sich aus der Erfahrung der Diagnose ergebende Auseinandersetzung mit der Endlichkeit des Lebens lässt manche Menschen trotz oder an der Erkrankung reifen. Oftmals herrscht zuerst eine Phase der Trauer, die Familie oder Freunde bald zurücklassen zu müssen, die Zukunft nicht mehr mit ihnen teilen zu können. Oder aber auch Trauer darüber, aus dem scheinbar sicheren Kontinuum des Lebens plötzlich gewaltsam herausgerissen zu werden in eine unsichere Zukunft, in der Schmerz und Leid mit eingeschlossen sein können. Aber andererseits vollzieht sich dadurch oftmals ein Prozess, das Leben, so wie es ist, anzunehmen und innerlich weiterzugehen, sich jedem Tag neu zu stellen und Dankbarkeit für die Zeit zu empfinden, die einem gegeben ist. Dadurch kann ein Reifungs- oder Entwicklungsprozess auch in einer schier ausweglosen Situation bei einem Menschen entstehen, der uns als Begleitende oftmals nur mit Bewunderung und Demut erfüllen kann.

Für mich verbindet Frankl in der Konzeptualisierung der Logotherapie den Versuch, religiöses Wissen und Psychologie miteinander zu verbinden: Die Bedeutung der Auseinandersetzung oder der Begegnung mit einem Du führt erst dann über den dialogischen Charakter zu einer Selbst-Transzendenz, wenn dies mit einem Über-sich-selbst-Hinauswachsen auf etwas oder auf jemanden verbunden ist. Worin besteht nun aber die religiöse Dimension: Die Tora wie auch der Talmud sind ihrem Wesen nach dialogische Schriften. In der Tora wendet sich G"tt dem Menschen zu und spricht ihn an. Er schafft nicht nur einen Menschen, sondern zwei, er schafft nicht nur den Himmel oder die Erde sondern beides. Im Talmud finden wir dialogische Auslegungen zu einzelnen Stellen der Tora, die wie ein Streitgespräch *(makhloket)* konzipiert sind. Das dialogische Konzept finden wir auch nach Auslegung der Rabbiner in der Tatsache, dass der erste Buchstabe der Tora ein »Bet« also der 2. Buchstabe im hebräischen Alphabet ist. »Bereschit bara …« (Im Anfang schuf G"tt Himmel und Erde) Das heißt: Bereits der Anfang der Schöpfung ist dialogisch in Zweiheit konzipiert.[26] Die einzelnen Gebote werden erst dann wirksam, wenn der Mensch in der Begegnung mit dem Anderen deren Auslegungen insoweit mit Leben füllt, dass sie nicht nur für ihn selbst und in Bezug auf ihn selbst wirken und wirksam werden, sondern über diesen zweckbezogenen individualistischen Sinn hinausweisen.

Für mich persönlich sehe ich hier auch eine Parallele zur Konzeption der Schriftinterpretation im Judentum. In dem Studium der Schrift, wie es seit alters her Tradition ist, stellt die Sinnsuche und Sinnfindung einen zentralen Bereich der Auseinandersetzung mit der Tora und mit dem G"ttesbezug dar. Diese Sinnsuche verläuft in der Regel dialogisch. Das heißt: Lesen und Lernen der Tora ist als eine Begegnung von einem Ich zum Du konzipiert. In dem Kürzel »PaRDeS« werden die Dimensionen des Sinns der Heiligen Schrift zusammengefasst. *Pardes* erinnert uns an den wunderbaren Garten, in dem der Mensch einst eingebettet war und den wir im Deutschen mit Paradies benennen. Die vier Konsonanten von *Pardes* umfassen die Begriffe der Sinndeutung: *Pschat-Remes-Drasch-Sod. Pschat* bezieht sich auf die Realitätsebene, über die gerade inhaltlich etwas ausgesagt wird, den einfachen Sinn. *Remes* (Bild- und Begriffssinn) und *Drasch* (belehrender Sinn) geben über die eigene Gefühlsebene und die Aufforderung an den Angesprochenen Auskunft, betreffen also die Ebene der eigenen und der Gemütsverfassung des Adressaten. *Sod* (der geheime Sinn) stellt die tiefste, die verborgene, nur schwer erkennbare Sinnebene dar. Aus der religiösen Perspektive wäre das der G"ttesbezug.[27] Während die jüdische Tradition dem Menschen die Aufgabe zuschreibt, den Sinn aus der Schrift zu erfassen, wahrzunehmen, in seine Gefühlsebene zu integrieren und als G"ttlichen Willen auf der Handlungsebene umzusetzen, also zu transzendieren, vollzieht sich mit dem Zeitalter der Moderne die Sinnsuche als eine Reise ins Innere des Menschen selbst. Nicht das Erfassen des G"ttlichen Willens steht mehr im

Zentrum, sondern die physische und seelische Beschaffenheit des Menschen werden Ziel des Studiums und der Sinnsuche.

Damit komme ich auch darauf zu sprechen, welchen Einfluss Sigmund Freud (1856–1939), der Begründer der ersten Wiener Schule der Psychotherapie, auf mich hatte. Abgesehen von den ersten Erläuterungen durch meine Mutter beschäftigte ich mich das erste Mal intensiv mit der Theorie der Psychoanalyse und dem Wirken Freuds im Rahmen meiner Ausbildung an der Wiener Sozialakademie. Dort lehrten zu dieser Zeit einige Professor:innen und Dozent:innen, die entweder selbst Emigrant:innen und wieder nach Wien zurückgekehrt waren oder deren Kinder. Zu ersteren zählten Maria Dorothea Simon[28] und Anne Kohn-Feuermann[29]. Zu zweiteren Felix de Mendelssohn, der selbst Psychoanalytiker war. Dessen Mutter Hilde Spiel, die nach England emigrieren konnte, war nach der Schoa eine bedeutende Kulturkritikerin und jüdische Autorin. Maria Dorothea Simon und Anne Kohn-Feuermann waren als Jüdinnen und Sozialdemokratinnen im roten Wien der Zwischenkriegszeit tätig und engagierten sich auch im Widerstand gegen die faschistische Regierung in Österreich und den aufkeimenden Nationalsozialismus. Beiden gelang während der Schoa die Flucht nach England / London, und sie hatten von dort die neuen Ansätze der modernen Sozialpädagogik, die bereits vor der Schoa zu einem großen Teil von jüdischen Psychologen, Sozialwissenschaftlern und Fürsorgerinnen entwickelt worden waren, zurückgebracht. Grundlage des *Casework,* der modernen Sozialarbeit, war der Gedanke der Hilfe zur Selbsthilfe, das heißt, den Klienten in die Lage zu versetzen, Strategien zu entwickeln, um sich aus der sozialen Notlage zu befreien und Selbstwirksamkeit zu entwickeln. Dieser Gedanke entspringt letztendlich dem Gedanken der Stufen der *Zedaka,* wie sie der Rambam (Rabbi Moses ben Maimon, genannt Maimonides) entwickelte. Als die höchste Stufe der Wohltätigkeit bezeichnete er jene Haltung, in der der Bedürftige durch Unterstützung in die Lage versetzt wird, fortan nicht mehr auf Hilfe angewiesen zu sein und sich selbst helfen zu können. Maria Simon, die vor kurzem ihren 100. Geburtstag feierte, lehrte Psychologie und die Grundlagen der Psychoanalyse an der Sozialakademie in Wien, deren Rektorin sie auch war. Sie war befreundet mit Anne Kohn-Feuermann, die die moderne Erwachsenenfürsorge der Stadt Wien zu Beginn der 1970er-Jahre aufbaute. Nach Letzterer ist auch bis heute die Tagesstätte des Seniorenzentrums der Israelitischen Kultusgemeinde in Wien benannt, da sie sich neben ihrer beruflichen Tätigkeit auch intensiv in der jüdischen Gemeinde engagierte.

Meine Ausbildungszeit an der Wiener Sozialakademie stellte für mich eine wichtige Weichenstellung dar. Nicht nur das Lehrkonzept und die vermittelten Inhalte bedeuteten für mich ein bewusstes Eintauchen in einen wichtigen Bereich der jüdischen Geisteswelt. Auch die Begegnung mit mehreren Studierenden, die jüdischer Herkunft oder Abstammung waren, eröffneten mir ein Stück einer neuen positiv besetzten jüdischen Identität. So traf ich dort beispielsweise auf die Urenkelin Josef Breuers, des Freundes und Berufskollegen Sigmund Freuds. Nicht mehr allein das belastende Erbe einer dunklen und verschwommenen Vergangenheit von Trauer, Verfolgung und Verlust prägten meine jüdische Vorstellungswelt, sondern ein befreiendes Gefühl, Erbe eines großen Gedankengebäudes, einer religiösen, kulturellen und sozialen Gemeinschaft zu sein, das man mit Dankbarkeit weitertragen darf und kann. Mit den beiden zuvor erwähnten Frauen waren auch meine Großtante und mein Großonkel gut befreundet, da sie sich als Jugendliche aus dem 2. Wiener Gemeindebezirk, der sogenannten Mazzesinsel – jenem Bezirk in Wien, in dem die meisten Jüdinnen und Juden ansässig waren –, als Juden in der Sozialistischen Jugend des roten Wien engagierten. Für junge Juden hatte die österreichische Sozialdemokratie eine ungeheure Anziehungskraft, da sie zu jener Zeit viele Ideen des Judentums, insbesondere den Gedanken der Wohltätigkeit und Gerechtigkeit, mit einer modernen Weltsicht verband.

Jene Maria Simon brachte uns Studierenden der Sozialarbeit die Grundlagen der Psychoanalyse nahe, und ich erinnere mich noch heute, wie sie uns anschaulich das Zusammenspiel zwischen Ich und Es, dem Bewussten und Unbewussten erklärte: Sie nahm als Beispiel einen brodelnden Kochtopf, dessen Inhalt die Triebe des Es seien, die nach außen drängten, und der Deckel das Ich sei, der mit Mühe die Triebe zurückhalte. Die Rolle des Über-Ichs sei jene Instanz, die Grenzen, Forderungen und Gebote aufstelle. Zwischen den Ansprüchen des Es und des Über-Ichs habe das Ich zu vermitteln und einen Ausgleich zu finden. Anteile des Es und des Ich sind im Unbewussten gelagert. Sie erklärte uns die Abwehrmechanismen der Angst und die Grundlage der Neurosenlehre. Auf Maria Simon ging auch das Konzept der Akademie zurück, wonach der erste Einstieg in die Ausbildung durch ein mehrtätiges gruppendynamisches Selbsterfahrungsseminar durch das Institut für Tiefenpsychologie der Universität Wien erfolgte. In diesem Seminar, in das wir ohne Vorerfahrung hineingeworfen wurden, erlebten und erlernten wir die Strukturen der Gruppendynamik, spürten wir unseren psychischen Strukturen nach. Vor allem ging es dabei auch, jenseits der altruistisch formulierten Begründung für die Ausbildung und Berufswahl unsere unbewussten und teilweise verdrängten Zielsetzungen zu erforschen. Wir versuchten uns auf die Thematik einzulassen, welche unbeantworteten Fragen, Verletzungen oder Traumata wir über unsere altruistische Begründung hinaus in uns selbst beantworten oder heilen wollten. Beeindruckend bleibt mir bis heute eine Übung in Erinnerung, bei der der Gruppentherapeut jedem Teilnehmer/Studierenden einen zusammengefalteten Zettel mit einer Aufforderung oder Aufgabenstellung aushändigte und die mündliche Anweisung gab, der schriftlichen Aufforderung zu folgen. Die Zettel enthielten beispielsweise die Aufforderung, die Farbe Blau zu vertreten. (Diese Aufgabe erhielt ich.) Andere sollten die Farbe Rot oder Gelb verteidigen. Im Nachhinein beschäftigte mich die Frage sehr, warum ich relativ schnell innerhalb der Gruppe meine eigene Position, die Farbe Blau zu verteidigen, aufgab und mich der Mehrheit anschloss. Zu meiner inneren Verteidigung führte ich für mich an, dass die Aufgabe an sich unsinnig war und ich deshalb auch nicht viel Energie aufgewandt hatte, der Aufgabe Folge zu leisten. Aber war dies eine stichhaltige Erklärung oder nur eine Ausrede für meine gefühlte fehlende innere Standhaftigkeit? Vor allem quälte ich mich damals mit der Frage herum, ob ich mich in Zeiten einer Diktatur auch sehr schnell der Mehrheitsmeinung angeschlossen hätte und wie viel Kraft in mir stecken würde, in einer realen Bedrohungssituation dieser entgegenzuwirken.

In der Ausbildungszeit an der Sozialakademie, aber auch in meiner Arbeitszeit an der Wiener Psychiatrischen Klinik am Steinhof sowie als Therapeutin in dem ersten Wohnheim der psychiatrischen Universitätsklinik befasste ich mich sehr eingehend mit den Grundlagen der Tiefenpsychologie und besuchte regelmäßig die Vorlesungen zur Psychoanalyse an der Wiener Universität. Und ich werde bis heute den Gedanken nicht los, dass

Sigmund Freud, abgesehen von den rationalen damaligen wissenschaftlichen Erkenntnissen der Seelenheilkunde, in der Konzeptualisierung des Unbewussten auch von der Textinterpretation oder der Erforschung des geheimen Sinns der Schrift beeinflusst war. Die Erarbeitung der assoziativen Deutung, um dem Unbewussten auf die Spur zu kommen, zeigt Parallelen zur Schriftdeutung im Judentum auf. Freud hat sich zeitlebens zum Judentum bekannt, auch wenn er ein Kritiker der Religion war. So schreibt er in seiner »Selbstdarstellung«:

> Die Universität, die ich 1873 bezog, brachte mir zunächst einige fühlbare Enttäuschungen. Vor allem traf mich die Zumutung, dass ich mich als minderwertig und nicht volkszugehörig fühlen sollte, weil ich Jude war. Das erstere lehnte ich mit aller Entschiedenheit ab. Ich habe nie begriffen, warum ich mich meiner Abkunft, oder wie man zu sagen begann: Rasse, schämen sollte. Auf die mir verweigerte Volksgemeinschaft verzichtete ich ohne viel Bedauern. Ich meinte, dass sich für einen eifrigen Mitarbeiter ein Plätzchen innerhalb des Rahmens des Menschtums auch ohne solche Einreihung finden müsse. Aber eine für später wichtige Folge dieser ersten Eindrücke von der Universität war, dass ich so frühzeitig mit dem Lose vertraut wurde, in der Opposition zu stehen und

> von der »kompakten Majorität« in Bann getan zu werden. Eine gewisse Unabhängigkeit des Urteils wurde so vorbereitet.[30]

Als Arzt wandte sich zunächst Freud zunächst der biologischen, naturwissenschaftlichen Erfassung des Geistes und der Psyche zu.

Dass in der jüdischen Religion der Beruf des Arztes einen hohen Stellenwert besitzt, ist nicht verwunderlich, wird doch in dem Achtzehn-Gebet[31] G"tt selbst als Arzt und Heiler verehrt. Daher ist eine der Aufgaben des Menschen im Sinne der Ebenbildlichkeit mit G"tt auch heilend zu wirken und Leid zu lindern. Im Judentum herrscht von alters her die Vorstellung, dass Krankheit und Heilung immer eine doppelte Komponente beinhalten, eine physische und eine seelische. Der Rabbiner und Arzt Maimonides, von dem schon die Rede war, setzt sich in seiner Abhandlung zur jüdischen Ethik mit den Kräften und der Beschaffenheit der Seele auseinander.[32]

Bemerkenswert für Freud und seine jüdischen Zeitgenossen aus dem Wiener Bürgertum ist die Tatsache, dass eine große Zahl unter den jüdischen Intellektuellen jener Zeit Ärzte und Naturwissenschaftler waren. So zählen Personen wie Josef Breuer, Emil Zuckerkandl, Alfred Adler, aber auch Arthur Schnitzler zu jenem Kreis, der die Wiener Medizin bereicherte. Aber das Auffallendste daran war, dass diese Intellektuellen sich untereinander vernetzten, sich in den bekannten Salons jüdischer Frauen, wie etwa dem von Berta Zuckerkandl, trafen und sich gegenseitig inspirierten. Arthur Schnitzler etwa verarbeitete in seiner Literatur die Erkenntnisse der Tiefenpsychologie und wurde dadurch zu seiner exzellenten Ausarbeitung des inneren Monologs geleitet. Die feinsinnige Darstellung der inneren Vorgänge und Gedanken seiner Protagonisten spiegeln das Wissen jener Zeit um die Psyche wider. Der Einfluss der Libido auf den Menschen, wie sie Freud beschreibt, wird zum Motiv in Literatur, bildender Kunst und Philosophie.

An dieser Stelle ist auch die zweite Schule der Wiener Psychotherapie zu nennen: die Individualpsychologie, die von dem jüdischen Arzt Alfred Adler (1870–1937) begründet wurde. Adler nannte seine Lehre »Individualpsychologie« und meint damit das unteilbare Ganze eines jeden Menschen. Jeder Mensch ist ein »Unteilbares«, ein »Individuum«, Körper und Psyche sind ganzheitlich zu sehen. Das Individuum wird nicht nur als Produkt seiner Triebkräfte und der Wechselwirkung zwischen Bewusstsein und Unbewusstem gesehen, sondern auch in seiner Vernetzung mit seiner Umwelt, als soziales Wesen. Der Blick der Individualpsychologen richtet sich stark auf die familiäre und soziale Verknüpfung des Individuums.

Mit seiner frühen Studie über die »Minderwertigkeit von Organen« (1907) zeigte Adler den Zusammenhang zwischen Organminderwertigkeit und Lebensschicksal auf und legte damit die Grundlage für das Verständnis von körperlicher und psychischer Kompensation, Überkompensation und für die spätere Psychosomatik.

Die individualpsychologische Lehre ist von demokratischen Idealen und einem humanistischen Sozialismus inspiriert und begreift den Menschen stets als *soziales Lebewesen*. Für Adler war der Mensch eingebettet in die Gemeinschaft der Mitmenschen, aus der sowohl die Fragen seines Lebens als auch die heilenden Antworten erwachsen. Hier treffen wir, meiner Meinung nach, wieder auf die jüdische Position zur Rolle sozialer Wohlfahrt, wie sie in der Bedeutung von *Zedaka* dargelegt ist. Die Bedeutung der Hinwendung zum Du, die auch ein wichtiger Bestandteil jüdischer Lebensauffassung ist, mag seine Vorstellung beeinflusst haben, dass Lebensangst und Minderwertigkeitsgefühl nur durch eine tragfähige zwischenmenschliche Beziehung überwunden werden könnten.

Adler sah die menschliche Persönlichkeit als unteilbares Ganzes, die als souveräne und selbstbestimmende Macht mit einem relativen Maß an Freiheit die Lebensumstände stilvoll verwertet, ohne dabei biologisch oder durch ihr Milieu determiniert zu sein. Alle Lebensäußerungen haben nicht kausalen, sondern finalen Charakter und sind auf die Zukunft gerichtet.

Für mich persönlich war der Zugang zur Individualpsychologie stark durch meine Familie geprägt. Zunächst war da der Bruder meines Großonkels Emmerich

Weissmann, ein Schüler Alfred Adlers, der Arzt und Psychotherapeut im Wien der Zwischenkriegszeit war. Er engagierte sich bereits als Student in der sozialdemokratischen Bewegung und war Bildungsfunktionär. Als Mitglied der individualpsychologischen Vereinigung kämpfte er gegen die Entlassung jüdischer Ärzt:innen in Wien in der Zeit des Austrofaschismus. Er hielt zahlreiche Vorträge zur Psychotherapie und Erziehung und war auch Leiter von zwei Erziehungsberatungsstellen in Wien. Nach der Machtübernahme durch die Nationalsozialisten wurde er ins Konzentrationslager Buchenwald, als Jude und als Sozialdemokrat doppelt verfolgt und entrechtet, deportiert. Es gelang ihm in der Folge die Flucht über Paris nach London, wo er die individualpsychologische Vereinigung gründete, deren Vorsitzender er einige Jahre war. Er war mit Individualpsychologen wie Paul Lazarsfeld und anderen befreundet. Ich selbst habe ihn wie auch viele der anderen jüdischen Emigranten regelmäßig als Kind in Wien getroffen. Ich erinnere mich daran, dass es keine Treffen mit ihm gab, wo er nicht ein Feuerwerk der jüdischen Witze zündete und es auch für mich als Kind unterhaltsam war, ihm zuzuhören. Ich erinnere mich auch, dass er auf seinem Nachttisch selbst auf Reisen stets den Talmud liegen hatte, in dem er regelmäßig zu lesen pflegte.

Die Beschäftigung mit den drei Wiener Schulen der Psychotherapie rief bei uns jüdischen Studierenden damals ein Gefühl von Stolz, einen positiven Zugang zu jüdischer Identität hervor. Sie bewirkte ein Stück Anknüpfen an eine Welt des Erblühens jüdischer Schöpferkraft, die uns den Elan gab, aus dem Schatten der Überlebenden der Schoa herauszutreten und eine gesellschaftliche Wandlung mitzugestalten. So fühlten wir uns als Teil eines Prozesses, in dem die Zukunft schon begonnen habe und wir ein Stück desselben seien.

Und diese Auseinandersetzung mit den inneren, also psychischen Auswirkungen der Verfolgung auf unsere Eltern- und Großelterngeneration, aber auch die Auswirkung der Schoa auf die gesamte Geistes- und Gefühlswelt der Gesellschaft zog uns Studierende als junge Jüdinnen und Juden in den Bann. Dass Mitte der 1970er-Jahre die Geschichte Österreichs während des Nationalsozialismus keineswegs aufgearbeitet war, zeigte sich unter anderem an einem Kuriosum, das ich in an der Psychiatrischen Klinik am Steinhof erlebte. In dem wunderschönen Jugendstilpavillon des berühmten Architekten der Wiener Moderne, Otto Wagner, befand sich ebenerdig die Sozialabteilung der Stadt Wien, in der ich als Psychotherapeutin und Sozialarbeiterin tätig war. Über mir im oberen Stockwerk befand sich das Arbeitszimmer von Heinrich Gross, einem österreichischen Arzt, der als Stationsleiter der »Reichsausschuss-Abteilung« an der Wiener Euthanasie-Klinik »Am Spiegelgrund« behinderte Kinder für Forschungszwecke missbrauchte und an ihrer Ermordung beteiligt war. Seine Nachkriegskarriere konnte er auf der während der NS-

Zeit entstandenen Gehirnsammlung aufbauen, die er für 34 wissenschaftliche Arbeiten heranzog. Er wurde Leiter des eigens für ihn geschaffenen Ludwig-Botzmann-Instituts zur Erforschung der Missbildungen des Nervensystems und meistbeauftragter Gerichtspsychiater Österreichs. Die von dem Arzt Werner Vogt ins Leben gerufene »kritische Psychiatrie«, der ich mich auch anschloss, kämpfte zum einen darum, dass die Öffentlichkeit von dessen Verbrechen erfuhr, zum anderen für eine ethische Psychiatrie, die sich von inhumanen Strukturen allmählich löste. Vogt selbst strengte ein Verfahren gegen Heinrich Gross an. Dies hätte damals fast zu seinem eigenen Ausschluss aus der Wiener Ärztekammer geführt. Manche Tage begegnete ich Gross im Stiegenhaus, und ein kalter Schauer lief mir dann über den Rücken. Wie weit war der Weg der Wiener Psychiatrie hin zu einem ethischen Verständnis des Menschen als wertvolles und einzigartiges Geschöpf dieser Erde!

Aber kehren wir zurück zum Wien der Jahrhundertwende, in dem gerade unter Jüdinnen und Juden eine ungeheure Aufbruchsstimmung herrschte. Wodurch war diese möglich und begünstigt worden? Erstens zog Wien als Metropole des Habsburgerreichs Wissenschaftler, Künstler, Literaten, Philosophen, Mediziner in seinen Bann. Durch die Lockerung der Reisebeschränkungen im Jahr 1848 und deren vollkommene Abschaffung im Jahr 1870 konnten junge intellektuelle Juden ihren Aufenthaltsort frei bestimmen, und viele zogen aus den österreichischen Ländern des Ostens in die Universitätsstadt Wien, deren liberales Klima und Offenheit für neue naturwissenschaftliche Erkenntnisse und Forschungen in allen wissenschaftlichen Disziplinen eine enorme Anziehungskraft ausübten. Innerhalb einer relativ kurzen Zeitspanne entwickelte sich dadurch eine jüdische Elite, die sich untereinander inspirierte und vernetzte und so die neuen Erkenntnisse auf dem Gebiet der Medizin, der Naturwissenschaften, der Künste, der Literatur, der gesellschaftlichen Aspekte aufnahm und weiterentwickelte.

Lieber Michael, wie steht es denn bei Dir, dem Natur- und Religionswissenschaftler: Was bedeuten für Dich die Einsichten der Psychologie?

Barbara

Die Geschichte der Frankfurter Schule erweist sich als überaus fruchtbares Scheitern

Einsichten zur »autoritären Persönlichkeit« jenseits des Marxismus

Liebe Barbara,

mit großem Interesse und bewegt habe ich Deine Schilderungen über Viktor Frankl und die Wiener Psychologie gelesen. Danke dafür! Du hast mich nun aber dazu gefragt, wie ich es denn in meiner wissenschaftlichen und beruflichen Arbeit mit der Psychologie halten würde.

Tatsächlich hatte ich lange eine gewisse Scheu gegenüber dieser Wissenschaft – sicher auch, weil ich in den Augen meines Vaters nicht noch »weicher« erscheinen wollte. Insbesondere die teilweise wilden Erzählungen der Psychotherapie nach Sigmund Freud erfüllten auch das Kriterium der Überprüfbarkeit nach Karl Popper nicht. Neben vielen klugen Texten zum Beispiel über das »Unbehagen an der Kultur«[33] hat Freud meines Erachtens auch teilweise abseitige Spekulationen etwa über die Entstehung des Monotheismus oder über Mose hinterlassen, die bis heute negativ nachwirken.

Noch im Rahmen meiner Doktorarbeit zu Religion und Hirnforschung beschränkte ich mich daher strikt auf empirische Psychologie. So kam ich immerhin schon zur »Salutogenese« von Aaron Antonovsky (1923–1994), eines US-amerikanischen Juden, der als Soldat an der Befreiung Deutschlands vom NS-Regime mitgewirkt hatte und später in Israel wirkte. Durch Befragungen weiblicher Holocaust-Überlebende war er auf Geheimnisse innerer Stärken, das heute so genannte *Coping*, gestoßen. Über ihn kam ich dann zur empirischen Sinnforschung von Tatjana Schnell, die in Innsbruck und Berlin wirkte und jetzt in Oslo, Norwegen, lehrt. Um ihre Befunde besser zu verstehen, begann ich schließlich auf Viktor Frankl zurückzugreifen. Die ungeheure Freiheit und Stärke, auch noch im Erleben von Leid auf Sinn zu bestehen, beeindruckte mich nicht nur historisch. Im Irak erlebte ich diesen Sinn- und Lebenswillen bei vielen der ezidischen Frauen und Kinder, die sich gerade nicht nur als Opfer des sogenannten »Islamischen Staates« (IS) verstanden und die wir nach Deutschland evakuieren konnten. Auch deswegen wollte ich so gerne wissen, wie Dich Frankl geprägt hat.

Eine noch größere Überraschung für mich waren aber die Arbeiten der vor allem deutsch-jüdisch geprägten »Frankfurter Schule«. Wie Du ja jetzt weißt, hat meine Familie unter dem »real existierenden Sozialismus« in der ehemaligen DDR sehr gelitten, vor allem mein Vater. Aber ich erinnere mich auch noch an die Warnungen meiner Großeltern, über was alles wir nicht sprechen sollten – und an den Spott einer Familienrunde, als ich einmal die Meldung einer DDR-Zeitung über einen neuen Computerchip für bare Münze nahm. Ich war verletzt, schließlich trugen mein Vater und ich doch selbst Zeitungen aus!

Viele Ostdeutsche verinnerlichten durch die offensichtlichen Lügen im Namen des Marxismus-Leninismus ein tiefes Misstrauen gegen »die da oben«, das bis heute nachwirkt. Gegen die Versuchungen des Marxismus war ich dadurch sozusagen geimpft, spätestens auch seit den sehr klaren Widerlegungen von Popper. Als mich mein ebenso lieber wie eckiger Doktorvater Günter Kehrer in Tübingen einmal grinsend im Marx-Lenin-T-Shirt begrüßte, konnte ich schon gut damit umgehen. Umgekehrt fand ich es aber bei all meinen Vorbehalten gegen die extreme Linke auch sehr nervig, dass nicht nur Rechtsextreme, sondern auch einige Liberale und Libertäre absurde Verschwörungsmythen über einen angeblich jüdisch bestimmten »Kulturmarxismus« streuten. Dass Karl Marx in eine deutsch-jüdische Familie geboren war, reichte ihnen dazu – seine Taufe schon als Kind interessiert sie ebenso wenig wie seine eigenen, teilweise auch antisemitischen Texte. Seitdem es der Anarchist Michail Bakunin am Ende des 19. Jahrhunderts formulierte, geistert der Verschwörungsmythos auch durch die bürgerliche Welt, nach der Marx und die Bankiersfamilie Rothschild Teil der gemeinsamen Weltverschwörung wären.

Wie Du weißt, habe ich für diesen nicht nur in den USA sehr verbreiteten Verschwörungsmythos auch aus der »Mitte der Gesellschaft« heraus den Begriff des »libertären Antisemitismus« geprägt. Er quillt leider auch in Deutschland weiter auf und treibt verängstigte Bürgerinnen und Bürger in die Arme von Rechtspopulisten, Untergangspropheten und Finanzschwindlern. Diese verkünden einen nahen Endkampf zwischen Freiheitlichen und Kulturmarxisten und vermarkten auf der Basis der so geschürten Ängste Gold, Grundstücke und »Siegfried-Taler«.

In einer Podcast-Folge habe ich ein grauenhaft antisemitisches Buch des Libertären Tilman Knechtel über eine vermeintliche jüdisch-satanistische Rothschild-Weltverschwörung vorgestellt. Knechtel, der in der gleichen Stadt wie ich geboren wurde und nun von der Schweiz aus hetzt, behauptet dabei nicht weniger, als dass jüdische Weltverschwörer auch den Nationalsozialismus samt Holocaust herbeigeführt hätten, um die Gründung des Staates Israel zu erzwingen.[34] Sein hasserfüllter Text wird auf Amazon von Hunderten Rezensierenden euphorisch gefeiert und, während ich diese Zeilen schreibe, von Audible als Kostenlos-Hörbuch-Lockangebot beworben![35]

Doch wer nicht gleich wieder die Rothschilds und George Soros beschuldigen will, der raunt eben antisemitische Verschwörungsmythen über vermeintlich superverschwörerische Kulturmarxisten. Auf dessen vermeintliche Bedrohung berief sich beispielsweise der norwegische Rechtsterrorist Anders Breivik, der 2011 ein sozialdemokratisches Jugendcamp angriff. Dennoch raunte beispielsweise der »Spiegel«-Bestsellerlisten-Autor Markus Krall noch 2019, die »Marxisten« der »Frankfurter Schule« verfolgten gegen Deutschland einen marxistischen Langzeitplan, um »das System zum Verrotten zu bringen«. Sie hätten sich dabei der gleichen »Mittel« bedient wie die »Nazis in Deutschland in den 1930er-Jahren«, die Krall hier auch gleich als »nationale *Sozialisten*« ausweist: All diese hätten jeweils »Recht« durch den gezielt schwammigen Begriff der »Gerechtigkeit« ersetzt. Die »Adepten der Frankfurter Schule« wollten nicht weniger als »die Grundlagen der westlichen Gesellschaft untergraben«, als da wären: »persönliche Autonomie, Eigentum, Freiheit zu handeln und die traditionelle Familie«.[36] So befürworteten die Superverschwörer der »Frankfurter Schule« nicht nur Abtreibungen, sondern konfrontierten Kinder »im Alter von fünf Jahren mit allen Arten von sexuellen Praktiken, Abweichungen und Präferenzen«. So werde durch sinkende Geburtenraten gezielt der »Übergang von Freiheit und freien Märkten zu Bürokratie und Planwirtschaft« betrieben, der schließlich zu »Euthanasie und ›freiwilligem‹ assistierten Suizid« führe.[37]

Aber warum nur sollten die deutsch-jüdischen Marxisten der Frankfurter Schule laut Krall eine solche Langzeit-Verschwörung betreiben? Nun, weil laut dem Autor »die schlimmsten Christenverfolgungen der Geschichte« von »zwei Gruppen verbrochen« worden seien – »von radikalen Muslimen und von Kommunisten.« Der »Sozialismus« sei ein »Todeskult« und habe »Stalins Politik«, »Maos ›großen Sprung nach vorne‹«, die »Todeslager in Kambodscha« und, klar, »den Völkermord durch die Nationalsozialisten« hervorgebracht.[38] Obwohl die Superverschwörer längst um die Wahrheit wüssten, hielte sie das nicht auf. »Sie wollen die Macht.« In ihnen bilde »eine tiefsitzende psychische Störung die Wurzel des Übels«, diese sei »von böser Essenz«. Daher stehe die Menschheit nun vor einem unausweichlichen und blutigen »Kampf zwischen Freiheit und Tyrannei.« Denn die Verschwörer wollten »unter dem Banner der sogenannten Antifa ihren neuen Faschismus installieren«.[39]

Gerade auch solche absurden und antisemitisch raunenden Verschwörungsmythen trugen dann doch dazu bei, dass ich mir die reale Frankfurter Schule und ihre Einflüsse auf die deutschsprachige Geistesgeschichte ansah – und positiv überrascht wurde.

So wurde das »Institut für Sozialforschung« 1923 gerade nicht als Verschwörerzelle des dogmatischen Marxismus gegründet, sondern im Gegenteil: Maßgeblich war der Fehlschlag der marxistischen Prophezeiungen, nach denen die Revolution in hoch entwickelten Industrieländern wie Deutschland, Frankreich und den USA hätte stattfinden müssen. Stattdessen aber blieben dort die Kommunisten randständig, wogegen sich zum Beispiel die russischen Bolschewisten unter Lenin und später Stalin mit Gewalt durchsetzten. Um nach dieser Widerlegung der marxistischen Thesen zu retten, was zu retten war, kombinierten die deutsch-jüdischen »Frankfurter« wie Theodor W. Adorno (1903–1969), Max Horkheimer (1895–1973), Herbert Marcus (1898–1979), Leo Löwenthal (1900–1993), der – später auch wegen seiner stärkeren Religiosität – »ausgeschlossene« Erich Fromm (1900–1980) und der – denkerisch, aber nicht formal – zugehörige Walter Benjamin (1892–1940) vorher unbekannte Schriften von Marx mit der Psychologie, vor allem der Psychotherapie. Bis heute wird teilweise sogar vom »Freudomarxismus« gesprochen. Vor den Nationalsozialisten flohen viele in die USA, einige kehrten danach nach Deutschland zurück – aber praktisch niemand entschied sich für den »real existierenden Sozialismus« der DDR. In der »kapitalistischen« Bundesrepublik ließ sich der »Kapitalismus« doch viel komfortabler, freier und sicherer kritisieren.

Die Ergebnisse schwankten zwischen pseudo-wissenschaftlichem Geschwurbel, auch inneren Zerwürfnissen und faszinierenden Analysen der Kultur, Gesellschaft,

Wirtschaft und des Antisemitismus. Später waren dann auch der NS-Widerständler und um den christlich-jüdischen Dialog verdiente CDU-Bundestagsabgeordnete Franz Böhm als Stiftungsvorstand sowie Aufträge aus dem Verteidigungsministerium willkommen. Andere Linksintellektuelle warfen den »Frankfurtern« dagegen zunehmend vor, sich im »Grand Hotel Abgrund« ganz bürgerlich eingerichtet zu haben – und dem Ur-Vorwurf von Karl Marx selbst zu entsprechen: »Die Philosophen haben die Welt nur verschieden interpretiert, es kömmt darauf an, sie zu verbessern.« Und tatsächlich riefen Vertreter der Frankfurter Schule schließlich gegen die Besetzung durch protestierende Studierende die bundesdeutsche Polizei zur Hilfe. Seit den 1970er-Jahren gilt sie als formal erloschen.[40]

Wer angesichts dieser turbulenten, historischen Entwicklungen von einer vermeintlichen, jüdisch-sozialistischen Superverschwörung des »Kulturmarxismus« oder gar der Frankfurter Schule fantasiert, beweist vor allem eines: dass absurde antisemitische Verschwörungsmythen auch in die Gehirne und Konzepte von Liberalen und Libertären einsickern können.

Aus meiner Sicht erweist sich die Geschichte der Frankfurter Schule als geistesgeschichtlich überaus fruchtbares Scheitern. Der Marxismus konnte nirgendwo seine Heilsversprechen erfüllen, scheiterte in vielen kommunistischen Gesellschaften furchtbar und konnte kommende Herausforderungen wie die Klimakrise noch nicht einmal erahnen. Doch gerade in der Verbindung von überholter marxistischer Theorie mit der entstehenden Sozialpsychologie gelangen den »Frankfurtern« auch überzeugende Einsichten etwa zu den Traditionen des Faschismus und Antisemitismus und zur schon frühkindlichen Prägung der »autoritären Persönlichkeit«. Auch Kritiker können nicht bestreiten, dass nicht-marxistische Schüler der »Frankfurter« wie Jürgen Habermas und Bassam Tibi – zu dessen Geburtstagsfest ich in den historischen Räumen sprechen und mit Necla Kelek kritisch diskutieren durfte – weiter bedeutend zum deutschen Geistesleben beitragen. Auch weitere Wissenschaftler wie Samuel Salzborn[41] und Herbert Renz-Polster[42] knüpften erfolgreich an ihre Ansätze an.

Heute kann ich – trotz der Verfolgungen auch meiner Familie samt Haft und Folter meines Vaters im real existierenden Sozialismus der damaligen DDR – die Beiträge auch der »Frankfurter Schule« als Bereicherung der deutschen Wissenslandschaft anerkennen. Ich bin dankbar für jene Jahre, in denen Wissenschaftler und – leider wenige – Wissenschaftlerinnen über alle Grenzen von Herkunft, Konfession und Weltanschauung hinweg gemeinsam debattieren, forschen und streiten konnten. Mein Buch »Verschwörungsmythen« habe ich daher auch mit einem Zitat von Theodor Adorno eröffnet, das er noch 1967 in einem bedeutenden Vortrag über Rechtsextremismus prägte – und zwar nirgendwo anders als in Wien![43]

Liebe Barbara, nun weißt Du also noch genauer, warum ich mich mit Dir immer wieder so gerne über Psychologie ausgetauscht habe. Ich habe die Tiefe dieses Faches erst spät entdeckt. Ich stehe fassungslos vor den historischen Verfolgungen und bis heute reichenden Verschwörungsmythen gegen jüdische Forschende. Und es wühlt mich auf, dass Antisemiten auch Dich als Teil der vermeintlichen Superverschwörung des »Kulturmarxismus« deuten. Ich bin dankbar und froh, dass Dein Mann und Du gerade auch in Stuttgart und Baden-Württemberg so viel für das Zusammenleben, die Kunst und die Wissenschaften geleistet habt. Und ich fühle mich verpflichtet, das auch öffentlich anzuerkennen und gegen Falschheit, Gemeinheit, Judenhass zu verteidigen. Deswegen fand ich es überaus passend, als ich gebeten wurde, einen Beitrag zu einer Festschrift auf Deine Ehrenprofessur zu schreiben – mit dem wunderbaren Titel »Ehre – wem Ehre gebührt«.[44] Kein Mensch muss sich Ehre oder Würde erst verdienen – aber Du hast es trotzdem eindrucksvoll getan. Für mich bist Du damit ein Vorbild.

Dein Mann Herbert lehrte ja lange als Professor für Plastisch-Räumliches Gestalten, Kunst und Neue Medien in Stuttgart. Und mir ist in unseren Gesprächen aufgefallen, dass Dir Bilder unterschiedlichster Art sehr viel bedeuten. Darf ich also fragen, welche Bedeutung Kunst und Medien für Dich haben?

Michael

Bilder können heilsam wirken, aber auch Zorn und Kampf erzeugen

Jüdisches Kunstschaffen zwischen religiösem Bilderverbot und säkularer Ästhetik

Lieber Michael,

Du sprichst mich auf die Kunst meines Mannes Herbert an: Ich erinnere mich, dass ich seine Kunstwerke kennenlernte, bevor ich ihm selbst persönlich begegnet bin! Anfang der 1980er-Jahre wurde in Wien im Rahmen der Wiener Festwochen eine Skulpturenausstellung an öffentlichen Plätzen unter dem Namen »Anthropos« präsentiert, die die Werke namhafter österreichischer und europäischer Bildhauerinnen und Bildhauer vorstellte. Dort wurden Werke von Künstler:innen wie Alfred Hrdlicka, Avramidis, Wotruba, Wander Bertoni, Herbert Böckl, Gerda Fassel und eben auch Herbert Traub an drei Plätzen in der Wiener Altstadt gezeigt. Die Künstler hatten Skulpturen zum Thema Menschendarstellung konzipiert. Dabei widersprachen die modernen Menschenbildnisse in ihrer Versehrtheit auf spannungsreiche

Weise dem zeremoniösen Hof-Dekor der vom Klassizismus geprägten Wiener Innenstadt. »Den Figuren der Monarchie steht das Menschenbild von heute entgegen.«[45]

Die – fast ausschließlich figürlichen – Skulpturen kommunizierten auch untereinander, schweigend, aber nicht stumm. Der Wille zur Formgebung und zur De-Formation fand auf unterschiedliche Weise seinen künstlerischen Ausdruck. Die Bruchstückhaftigkeit, Deformation bis hin zur Obszönität wurde von den Gegenwartskünstlern vor der historistischen Kulisse des Wiener Stadtzentrums in Positur gebracht. Die Präsentation der Arbeiten rankte sich um die Frage, wie eine von gesellschaftlichen und ästhetischen Fesseln befreite Kunst ihren Ausdruck findet. War bis Anfang des 20. Jahrhunderts Bildhauerei in erster Linie eine Auftragskunst, so entwickelte sie sich in der zweiten Hälfte zu einer »von den Zwängen der Dienstbarkeit erlösten Skulptur«.[46] Das Denkmal aus den früheren Kunstepochen als Auftragswerk hatte vor allem die Aufgabe, Siege, Erfolge, Hommagen, Porträtierungen, geschichtliche Ereignisse in Erinnerung zu halten. Dabei stellte die Überhöhung ein wichtiges Stilmittel dar. Die Wiener Innenstadt ist reich an Denkmälern und Skulpturen, aufgestellt an öffentlichen Plätzen, als Kunst an Bauwerken. Das 19. Jahrhundert war überschäumend an menschlichen Darstellungen, ob als überdimensionale Brunnenskulpturen, als Atlanten und Karyatiden über Hauseingängen, menschlichen Köpfen über Fensterwölbungen oder als mächtige Reiterstatuen und Denkmäler für Kaiserinnen. Marmor und Bronze waren dabei die vorherrschenden Materialien. Die Ausstellung »Anthropos« warf die Frage auf, welche Funktion die moderne Skulptur erfüllen kann, welche Ausdrucksformen gefunden werden, um Aussagen darzustellen, und welche Sprache das autonome Kunstwerk entwickelt. Dabei spielte auch die Suche nach einer neuen Materialität eine wichtige Rolle.

»Das Menschenbild demokratischer Gesellschaften im Zusammenspiel mit den Skulpturen der Monarchie unterscheidet sich nicht nur durch die soziale Lage der Künstler, durch das Fehlen eines Auftrages für die Skulpturen, sondern auch durch eine andere Sicht des Menschen. Die monumentalisierte, repräsentative Figur der Träger staatlicher Macht, Kaiser und Feldherren auf hohen Piedestalen, ist abgelöst worden von der Suche nach dem Individuum, von der Kümmernis der eigenen Existenz.«[47]

Das Streben nach Formvollendung und Formüberhöhung antikisierender Plastik ist einer neuen Wahrheitssuche gewichen. Einige der Bildhauer vertraten in ihren Arbeiten einen sozialkritischen Anspruch, indem sie der von ihnen als saturiert empfundenen österreichischen Gesellschaft einen Spiegel vorhielten. Anderen ging es vor allem darum, gegenüber dem verkitschten Selbstbildnis die verdrängte gewalttätige Geschichte Österreichs, insbesondere seine Rolle während der Zeit des

Nationalsozialismus, aus dem Unbewussten bzw. Verdrängten ins Bild zu bringen. Einige der Bildhauer suchten nach Ausdrucksformen, die in dem Kunstwerk einen Raum für das Hässliche, das Verdrängte schaffen wollten. Andere formulierten den Anspruch, dass Kunst auch einen gesellschaftspolitischen Inhalt darstellen sollte, der nicht missbraucht oder missdeutet werden könnte. Die Kunst sollte neben dem ästhetischen Anspruch auch eine deutlich gesellschaftspolitische Dimension vermitteln. Es war ein Anliegen einiger dieser Künstler sich von den Körperdarstellungen der Nationalsozialisten, aber auch des realen Sozialismus, wie ihn das kommunistische System propagierte, deutlich abzugrenzen. Die Suche nach einer Abkehr von einem plumpen Realismus, ohne die körperliche Darstellung völlig zu verlassen, durchzog die Ausstellung.

Damals stolperte ich sozusagen über eine Skulpturendarstellung von Herbert Traub, die das Motiv »Mutter und Kind« in einer neuen Weise beleuchtete. Eine Figurengruppe aus weißem Gips zeigte eine nackte Frauenskulptur, an deren Beinen sich zwei nackte Kinder klammern. Vor der Frauenfigur liegt ein zu Tode gekommener menschlicher Körper. Während die Mutter in Richtung des Toten gewandt ist, haben die beiden Kinder ihren Kopf von dem Toten abgewandt und klammern sich an die Beine der Mutter. Die weibliche Figur ist dabei weit nach vorne gebeugt. Sie zeigt dabei weniger eine empathische schutzgebende Haltung für die beiden Kinder als vielmehr eine Neugier, die sich auf den Toten richtet. Der ernste Gesichtsausdruck, aber auch der Körper der weiblichen Plastik ist grobschlächtig, fern von den ästhetisch formvollendeten nackten Frauengestalten des Klassizismus und des Jugendstils. Der Tote oder schwer Verletzte, der am Boden liegt, wirkt so, als ob er gerade gestürzt wäre, ein Bein steht noch in die Höhe. Die Finger der einen Hand sind gespreizt, der Kopf ist in den Boden eingesunken. Die Skulpturengruppe zeigt nicht das ewig-zeitlos Menschliche, sondern eine Momentaufnahme eines individuellen traumatischen Ereignisses. Die Gefühlsregung, die sie hervorruft, spannt den Bogen von Beklemmung und Befremdung.

Dieses Kunstwerk beeindruckte mich besonders, da ich zu jenem Zeitpunkt als Psychotherapeutin in dem ersten verhaltenstherapeutischen Wohnheim der Wiener Universitätsklinik arbeitete und gleichzeitig Philosophie und Geisteswissenschaften studierte mit einem besonderen Schwerpunkt auf Philologie. Die Frage, wie Literatur und Kunst das individuell Menschliche, das Leiden, die Neurotizismen, die seelischen Schmerzen künstlerisch verarbeiten, beschäftigte mich. Die Auseinandersetzung mit der Ästhetik des Hässlichen schien eine neue Denkvariante in Kunst und Literatur zu sein. Diese Zuwendung zum Gegensatz der Ästhetik des Schönen, die jahrhundertelang eine Triebfeder der künstlerischen Ausdruckskraft war, speiste sich aus dem Bewusstsein, dass es nach der Schoa, nach der Erfahrung des Zusammenbruchs und der Umkehrung der ethischen Werte nach zwei verheerenden Weltkriegen neuer Ausdrucksmittel auch für die Kunst bedurfte. Während die Generation der Künstler, die unmittelbar nach der Schoa unter dem Eindruck von Kriegs- und Verfolgungserlebnissen ihre Werke entwickelten, sich in eine Ästhetik des Schönen flüchteten wie etwa die Künstler der Wiener Schule des Phantastischen Realismus, wandte sich die nachfolgende Generation einem gesellschaftspolitischen Realismus in der Kunst zu und suchte entsprechend nach Ausdrucksmöglichkeiten.

Die Kunstschaffenden wie auch die Literaten begaben sich auf die Suche nach einer neuen Ästhetik. Dabei entstanden unzählige Formen und -ismen mit dem Ziel, das Kreative stärker mit den gesellschaftlichen Entwicklungen zu konfrontieren und neue Ausdrucksformen zu finden. Zum einen stellten sich Kunst und Künstler im Westen Europas einer kritischen Auseinandersetzung mit der Gesellschaft, aber auch mit den Erwartungen der Kulturkonsumenten und Kulturinstitutionen. Zum anderen entstand eine Strömung, die den Rückzug auf eine reine Ästhetisierung des Alltäglichen propagierte und damit die Frage nach dem Ende der Kunst in den Raum stellte.[48] In diese Debatte brachten sich die Künstler:innen und Literat:innen in der zweiten Hälfte des 20. Jahrhunderts in Europa, den USA und in Israel engagiert ein. Davon abgetrennt entwickelte sich in den Ländern des Kommunismus die vom Staat gelenkte und forcierte Kunstströmung des »sozialistischen Realismus«, der sich an der traditionellen Körperlichkeit orientierte und lediglich nach neuen Themen suchte, die in gewisser Weise das kommunistische Regime verherrlichten.

Der menschliche Körper als Träger des Ausdrucks für Leid, menschliche Ohnmacht, Gewalt und als Sitz unbewusster, verdrängter Triebe war vor allem in der österreichischen Bildhauerei bis Mitte der 1980er-Jahre für eine Reihe von Bildhauern Experimentierfeld und probater Bildträger. Mit der Skulpturengruppe »Die Passanten« erreichte Heinrich Traub den Höhepunkt der Körperdarstellung und verabschiedete sich mit dieser auch von der realitätsnahen manieristischen Darstellung des Körpers. Diese 22-teilige Skulpturengruppe, die das Motiv des Totentanzes aufgreift, wie wir es aus der Barockzeit kennen, zeigt die menschlichen Reaktionen der »Passanten« auf einen zu Tode Gekommenen ins Dramatische gesteigert. Von Gleichgültigkeit, verliebter Selbstbeschau, Neugier und Gier geprägte Figuren, deren Köpfe Totenköpfen gleichen, umtanzen in einer kreisenden Bewegung den in der Mitte liegenden Toten, dem aus dem Kopf ein Stück herausgeschnitten ist wie ein Tortenstück. Herausragt eine mehrteilige Skulpturengruppe von übereinander gekletterten, nach oben drängenden Körpern, die allesamt auch Totenköpfe auf ihren Schultern tragen. Wohin streben diese Körper? Ist es der Turmbau zu Babel mittels menschlicher Körper, der nach oben zu G''tt drängt, die körperliche Darstellung der menschlichen Hybris, oder sind es die Sterbenden in den Vernichtungslagern, die zur Luftluke drängen? Oder Zombies in menschlichen Körpern, die die Erde bevölkern? Ist es der Tod, der in den Lebenden allgegenwärtig ist? Die Grenze von Leben und Tod oder zwischen Leben und Tod waren und sind Themen, die der Künstler sichtbar oder erahnbar machen möchte.

In den »Passanten« hat der Künstler wieder das Thema von Mutter und Kind zentral dargestellt. In der Mitte der trichterförmigen Vertiefung befindet sich die Darstellung von Mutter und Kind im Angesicht des zu Tode Gekommenen.

Nicht die symbiotische liebevolle Vereinigung von Mutter und Kind oder die trauernde Mutter, die ihr Kind liebevoll in den Armen hält, wird dargestellt, sondern eine Mutter, deren nackter Körper dem Kind zugewandt, deren Kopf aber weit nach hinten überdreht ist, und ein kleines Kind, das versucht, die Mutter zu erreichen und es nicht schafft, weil die Distanz zu groß ist. Diese Darstellung wirft die Frage nach der Brüchigkeit selbst innigster und vitalster Beziehungen wach.
Aus der Psychotherapie wissen wir, dass die Mutter-Kind-Beziehung Grundlage und Maßstab für alle weiteren Beziehungen im Leben eines Menschen ist und die Basis für Selbst- und Weltvertrauen legt. Für mich war es ein verstörendes Sujet, weil es die Brüchigkeit und Beziehungslosigkeit des Individuums wie der Ge-

sellschaft zeigt. Es rief in mir aber auch unweigerlich die Erinnerung an die Zeit des Nationalsozialismus wach, in der Mütter gezwungen wurden, sich von ihren Kleinkindern zu trennen und diese der Ermordung preiszugeben. Selbst die innigste Schutzbeziehung zwischen Mutter und Kind wurde grausam und schonungslos auseinandergerissen. Der Künstler zerstört oder hinterfragt einen feststehenden Topos der Kunst und macht uns damit nachdenklich und verwirrt.

Kunst und Literatur als Ausdrucksmittel für die verdrängten Aspekte der europäischen und der Menschheitsgeschichte waren die inhaltliche Triebfeder, für die die Künstler jener Zeit entweder neue ästhetische Ausdrucksformen suchten oder mittels Zitaten Elemente des Traditionellen neu anordneten. Während im Österreich der 1980er-Jahre im Bereich der Bildhauerei die Auseinandersetzung mit dem Körperlichen und mit dem Körper als Träger der Verwerfungen (zum Beispiel Alfred Hrdlicka) und der unbewussten Regungen des Menschlichen (Wiener Schule des Phantastischen Realismus) im Fokus stand, suchten israelische Künstler verstärkt mittels abstrakter Darstellungsformen und gesteigerter Verwendung von Symbolik und Metapher einen neuen künstlerischen Ausdruck auf dem Gebiet der Denkmals- und Erinnerungsskulptur. Aber auch in Westeuropa erfolgte in der skulpturalen Darstellung mehr und mehr eine Abwendung vom Körperlichen hin zur Rauminstallation, deren Ziel unter anderem darin bestand, über die

Abstraktion und Verdichtung die Sprache der Symbolik in das Kunstwerk stärker einzubeziehen und den umgebenden Raum mit in das Kunstwerk aufzunehmen und die Grenze zwischen Kunstwerk und Umraum, zwischen Alltäglichem und ästhetisch Überhöhtem, zwischen Kunstwerk und Betrachter zu überschreiten. Herbert Traub entdeckte während seines zweijährigen Aufenthalts als Gastprofessor an der Universität Haifa diese neue Sicht der Kunst und entwickelte eine Reihe von Skulpturen, die zur Überwindung der realistischen Körperskulptur führten. Eindrucksvoll ist mir seine Kunstaktion, die er gemeinsam mit seinen Student:innen durchführte: »Ein grünes Band in die Wüste Negev« zu legen und damit ein Symbol der Hoffnung zu realisieren. Ein mehrere hundert Meter langes Band trugen die Studierenden in die Wüste und fingen diese Kunstaktion auch filmisch ein. Dabei sollte diese künstlerische Arbeit in zweifacher Hinsicht Hoffnung zum Ausdruck bringen: die zentrale Umweltidee des israelischen Staates einerseits, die Wüste zu begrünen, und im übertragenen Sinn, die Verständigung und Zusammenarbeit von jüdischen und palästinensischen Studierenden durch Begegnung zu befördern. Für Herbert Traub hatten und haben Kunst und neue Medien stets die Aufgabe, über die künstlerische Aussage hinaus zur Verständigung der Menschen beizutragen und gegen jede Form von Rassismus, Antisemitismus und Menschenfeindlichkeit Position zu beziehen. Für ihn blieb stets die Forderung an die künstlerische Produktion bestehen, auch eine gesellschaftliche und politische Aussage zu vermitteln. Die Verantwortung als Kunstschaffender für die Botschaft der künstlerischen Arbeit war für ihn ein hohes Gut. Keine Kunst im Abseits oder in der elitären Kunstsphäre des Kunsttempels, sondern ein Kunstwerk, das jedem interessierten Menschen die Auseinandersetzung ermöglicht, dafür setzte er sich stets ein. *L'Art pour l'art* konnte er und kann er bis heute nicht akzeptieren. Dass er mehrere Jahre an der Universität Haifa in Israel, zunächst an der Sommeruniversität und dann als Gastprofessor, unterrichtete, war nicht zufällig gewählt. Denn gerade diese Universität war zu jenem Zeitpunkt und ist bis heute in besonderer Weise bestrebt, arabische und palästinensische Studierende in großer Zahl aufzunehmen und diesen so einen akademischen Abschluss zu ermöglichen. Viele der jüdischen Professoren kamen aus dem Künstlerdorf Ein Hod, in dem sich zu jener Zeit auch der Wiener Maler Arik Brauer niedergelassen hatte. Zu vielen dieser Künstlerinnen und Künstler bestand und besteht ein freundschaftlicher Kontakt. Die Auseinandersetzung mit dem Betrachter von Kunst war und ist Herbert Traub ein großes Anliegen. Die Kunstaktionen und Rauminstallationen, die die Betrachtenden in die Arbeit miteinbeziehen, wurden zum neuen Ausdrucksmittel des Künstlers. Die Skulptur als Mittel zur Schaffung eines Raums der Begegnung und des Austauschs gewann für ihn immer mehr an Bedeutung. Daher auch sein Interesse für die

Platzgestaltung im öffentlichen Raum. Die Rückführung und Befreiung des öffentlichen Raums als reine Verbindungsstelle zwischen den Orten des Konsums und des Marktes hin zu einem Raum der Begegnung waren auch zentrale Botschaften seiner späteren Lehre an der Universität Stuttgart. Kunst als Medium der Verständigung und des Abbaus von Vorurteilen führte ihn schließlich zu dem Entwurf eines Hauses der Religionen, das an der Grenze des israelischen Kernlands zu den palästinensischen Gebieten entstehen sollte. Viele Gespräche und vorbereitende Arbeiten waren geführt worden, doch dazwischen kam die Berufung an die Universität Stuttgart, wo er ebenfalls den Austausch mit den Studierenden in besonderer Weise förderte.

Dabei stellt sich auch die Frage, wieso gerade die bildenden Künstler in Israel diesen Weg der abstrakten Kunst so intensiv beschritten. War es die in der jüdischen Tradition bestehende und über Jahrhunderte währende Scheu, den Körper des Menschen darzustellen – inspiriert von dem religiösen Bilderverbot im Judentum und dessen Auswirkung auf die bildende Kunst und das Kunstschaffen überhaupt: »Du sollst keine fremden Götter haben vor mir. Du sollst dir kein Bild machen, kein Abbild des, was im Himmel droben und was auf Erden hierunten, und was im Wasser unter der Erde. Du sollst dich nicht niederwerfen vor ihnen und ihnen nicht dienen, denn ich der Ewige dein Gott bin ein eifervoller Gott«?[49]

Dieses Gebot, das zweimal wörtlich in der Heiligen Schrift wiederholt wird, hat über lange Zeit die Einstellung zur Kunst und zum Kulturschaffen im Judentum geprägt. Im *Sefer Hachinuch*[50] lesen wir, dass es verboten ist, Götzen herzustellen, die angebetet werden. Sogar wenn der Hersteller selbst diese nicht anbetet, ist die Herstellung verboten, um jedes Hindernis für unsere Frömmigkeit fernzuhalten. Es macht auch keinen Unterschied, ob man den Götzen mit eigenen Händen herstellt oder einen anderen damit beauftragt: »Du sollst dir kein Bild machen und keinerlei Gestalt« (Exodus 20,4). Dies ist die Meinung des Rambam s. A. Allerdings gilt nach seiner Meinung dieses Verbot nur für denjenigen, der einen Götzen mit der Absicht herstellt, ihm zu dienen. Das Verbot, Götzen herzustellen und sie aufzubewahren, schreibt er, leitet sich von dem Vers ab: »Ihr sollt euch nicht den Götzen zuwenden, und gegossene Götter sollt ihr euch nicht machen.«[51]

Die Tora selbst wie auch die Auslegungen sind geprägt von dem Trauma des Glaubensabfalls und dem Tanz um das goldene Kalb. Daher musste jeglicher Eindruck einer Götzenverehrung fortan vermieden werden. Im Talmud finden wir denn auch einen ganzen Traktat (Awoda Sara), der sich der Frage der Abgötterei und Idolatrie widmet. Die Auslegung der Heiligen Schrift verhinderte, dass Bildhauerei und Skulpturen angefertigt wurden, um nicht in den Verdacht zu kommen, Götzen herzustellen. Jedoch versuchten die Rabbinen der im

2. und 3. Jahrhundert verfassten Mischna trotz ihres Grundkonsenses, dass das Bilderverbot einzuhalten sei, zu differenzieren: Nur bestimmte, zur göttlichen Verehrung bestimmte rundplastische Bilder, wie etwa ein Standbild mit Stab oder Vogel oder einem Globus in der Hand waren als Zeugnisse der Abgötterei verboten.[52] Dies galt umso mehr, als später im Mittelalter die Kunstproduktion ganz stark durch das Christentum geprägt war und die (im lateinischen Westen aufkommenden) Skulpturen oftmals Heilige, Apostel oder Christus und Maria repräsentierten, die an den religiösen Orten verehrt wurden. Eine kirchlich unabhängige Kunst gab es im Mittelalter in Deutschland nicht. Daher wäre für Juden der Beruf eines Künstlers und Kunstschaffenden in diesem Sinne undenkbar gewesen. Die Verklärung der Körperkunst wäre ohnehin zu nahe an das Verbot des Götzenherstellens herangekommen. Im Spätmittelalter und zu Beginn der Neuzeit, also beim Erstarken des Bürgertums und damit der Darstellung säkularer Inhalte, waren Juden jedoch von dieser schöpferischen Tätigkeit ausgeschlossen. Einerseits bestand nach wie vor das eigene Bestreben, sich keinesfalls den Anschein zu geben, Götzen herzustellen. Aber viel gewichtiger war die Tatsache, dass die Kunstproduktion eine handwerkliche Tätigkeit darstellte und seit dem Hochmittelalter in Zünften organisiert war. Der Zugang zum Handwerk und zu den Zünften wiederum war Juden verwehrt. »Nur Mitglieder der Zunft durften ihre Waren

produzieren und auf dem Markt oder im eigenen Laden verkaufen, Konkurrenten wurden nicht geduldet. Da die Zunftgilden voraussetzten, dass alle Mitglieder Christen zu sein hatten, wurden die Juden abrupt vom Handwerk ausgeschlossen. Es gab auch weiterhin jüdische Handwerker, sie konnten aber nur noch innerhalb der jüdischen Gemeinde ungestört ihre Waren verkaufen. Auch aus der Agrarwirtschaft wurden die Juden gedrängt, indem der Besitz von Lehen an einen christlichen Eid gebunden wurde, den die Juden nicht leisten konnten.«[53]

Lediglich Berufe, die Christen nicht ausüben wollten oder konnten, wie etwa Geldverleih oder Handel, konnten von Juden betrieben werden. Dazu kam aber noch, dass Kunstproduktion auch mit Sesshaftigkeit, mit der Verflechtung an einen Ort verbunden ist. Wer immer wieder auf der Flucht ist oder vertrieben und verfolgt wird, hat kaum die Möglichkeit, schöpferisch tätig zu werden oder einen Ort des kulturellen Gedächtnisses zu schaffen. Außerdem mussten jüdische Gemeinden vor allem darauf konzentriert sein, als Minderheit die Lehre des Judentums trotz Verfolgung und Ausgrenzung weiterzutragen und durch die kontinuierliche Beschäftigung mit der Heiligen Schrift zu gewährleisten. Daher hatten sie auch wenig Kapazität, sich der schöpferischen Ästhetik hinzugeben.

Skulpturale Kunst- und Bilderproduktion dienten und dienen auch der Schaffung eines kulturellen Gedächtnisses.[54] Dies galt auch für das Judentum der Tora. Während der Wanderung durch die Wüste, in der das Volk keinen Heimatort hatte, war es überfordert, seinen Glauben an einen abstrakten, nicht greifbaren G"tt aufrechtzuerhalten. Die Tora hält einerseits ein Kompendium von Bildern und Gestalten bereit, andererseits tritt uns in ihr G"tt selbst mehrheitlich gestaltlos entgegen: als Geist, der über den Wassern schwebt, als Wolke, die vor dem jüdischen Volk während der Wüstenwanderung einherzieht, oder als Stimme, die Abraham und Moses anspricht. G"tt entzieht sich der menschlichen Vorstellungswelt, nimmt auch keine Gestalt an, das heißt: Der Mensch kann nur über das Wort oder den Sinn einen Bezug zum Ewigen herstellen.

In diesem Zusammenhang steht auch der göttliche Auftrag, einen Ort für seine Verehrung zu schaffen. Ganz genau wird Moses beschrieben, wie das Stiftszelt gestaltet werden soll. Er beauftragt den Künstler Bezalel für die kultische Ausstattung des Bauwerks. Hier sehen wir auch die Differenzierung zwischen dem Verbot der Schaffung bildlicher Symbole für Gott und der erlaubten und gebotenen kunsthandwerklichen Ausstattung des Stiftszelts. G"tt gibt in der Tora ja geradezu eine detaillierte Beschreibung, wie der Tempel ästhetisch ausgestaltet werden und welche Materialien verwendet werden sollen, beinahe scheint es so, dass er selbst besondere Freude an dieser kunsthandwerklichen Ausgestaltung hat. Dabei gilt Ähnliches für die Schaffung des Stiftszeltes wie für die Opfergaben: Nicht G"tt braucht das Stiftszelt oder den Tempel, sondern der Mensch braucht einen Ort, an dem er G"tt verehren kann, und dieser Ort wird für ihn durch seine ästhetische Gestaltung zu einem herausgehobenen Erinnerungs- und Präsenzort des Ewigen. Sprachlich wird diese durch G"tt gelenkte kunsthandwerkliche Tätigkeit von anderer schöpferischer Arbeit unterschieden: Die Tora spricht von einer besonderen Tätigkeit (Weisheit) des Herzens, aus der die schöpferische Gestaltung und Kraft entspringt. Die Kunstproduktion dient der Verehrung des G"ttlichen und steht in seinem Dienst. Gleichzeitig finden wir in der sprachlichen Formulierung eine Parallelisierung des Schöpfungsaktes am Anfang der Heiligen Schrift mit dem menschlich-handwerklichen ästhetischen Gestaltungsakt des Stiftszelts.

»Raschis Gedanke zum Stiftszelt, die göttliche Präsenz soll in dem Handwerk des Volkes ruhen, entschlüsselt deshalb einen nachvollziehbaren Sinn des Heiligtums. Gott soll eine Präsenzstätte auf Erden haben, dadurch dass der Mensch darin seine Gottesebenbildlichkeit gelegt hat. Entsprechend spricht Franz Rosenzweig vom ›Urbild der Wohnung‹ … zu dessen Schau Mosche am siebten Tag in die Wolke hineinberufen wird und das dann das Volk als ein menschengeschaffenes Gleichnis der göttlichen Schöpfung vollendet.«[55]

Auch später finden wir in der Ausgestaltung der Synagogen eine ästhetische Gestaltung und schöpferische

Verzierungen. Die Tora verwendet für die ästhetische Ausgestaltung des heiligen Ortes den Begriff der »Arbeit des Herzens«, während es für den modernen Begriff der Kunst das hebräische Wort *omanut* gibt. Es wird durch die beiden Begrifflichkeiten der Unterschied zwischen Darstellung zum Zweck kultischer Verehrung und säkularer Ästhetik zum Ausdruck gebracht.

In der Heiligen Schrift treffen wir auf die Diskrepanz zwischen der Freude an der schöpferischen Tätigkeit des Ewigen selbst, der den Menschen nach seinem Bilde schafft, und dem Bilderverbot, das er seinem Volk auferlegt. Sigmund Freud erklärt diesen Zwiespalt folgendermaßen: »Denn dies bedeutete eine Zurücksetzung der sinnlichen Wahrnehmung gegen eine abstrakt zu nennende Vorstellung, einen Triumph der Geistigkeit über die Sinnlichkeit, strenggenommen einen Triebverzicht mit seiner psychologisch notwendigen Folge … Es eröffnet sich das neue Reich der Geistigkeit, indem Vorstellungen, Erinnerungen und Schlussprozesse maßgeblich wurden, im Gegensatz zu niedrigeren psychischen Tätigkeiten, die unmittelbar Wahrnehmungen der Sinnesorgane zum Inhalt hatten. Es war gewiss eine der wichtigsten Etappen auf dem Wege der Menschwerdung.«[56]

Demzufolge finden wir vom Mittelalter bis in die Neuzeit und in die Moderne eine reiche jüdische Schrift- und Auslegungstradition in Deutschland und erst mit Beginn der bürgerlichen Emanzipation den Eintritt von jüdischen Künstlern in die ästhetische säkulare Kunstproduktion. Ins Zentrum rückte ein Verständnis, dass es, wenn G"tt selbst schöpferisch tätig ist, auch dem Menschen nicht verwehrt sein könne, Kunst als Arbeit der Sinne und des Herzens zu schaffen. Gerade im Judentum hat die Bejahung des Lebens und der Lebensfreude eine zentrale Bedeutung. Daher darf auch jede Tätigkeit, die den Menschen in seiner physischen und psychischen Stärkung und geistigen Entwicklung voranbringt und anderen in diesem Sinne ebenfalls dient, ausgeübt werden.

Mit der Emanzipation der Juden in die bürgerliche Welt Mitte des 19. Jahrhunderts standen zunächst die Sparten der Malerei, der Architektur und des Kunsthandwerks im Fokus des Kunstschaffens. Dabei wirkten Kunstproduzenten und Kunstmäzene gemeinsam an einer reichen Entfaltung der Kunstproduktion auf deutschem und europäischem Boden. Namen wie Moritz Daniel Oppenheim, Isidor Kaufmann oder Max Liebermann zählen zu den bekanntesten Vertretern dieser Epoche. Mit der Schoa erfolgte ein Bruch dieser Schöpfungskraft. Auch in den Jahren nach der Schoa stand der Wiederaufbau der jüdischen Gemeinden und der Aufbau eines ungewissen Lebens eher am Rande als in der Mitte der Gesellschaft als Herausforderung. Es ist verständlich, dass sich das Kunstschaffen erstens nur sehr zaghaft und wenn überhaupt, dann vornehmlich in bereits eingeführten Kunstsparten entwickelte, also der Literatur und der Malerei. Im 20. Jahrhundert jedoch entwickelt sich in Israel eine starke künstlerische Schaffenskraft, deren Vertreter:innen auch den Bereich der skulpturalen Gestaltung, insbesondere die Rauminstallation, das Environment und die Erneuerung der Denkmalskunst, für sich erschließen. Namen wie Dani Karavan oder Micha Ullman haben auch in der Bundesrepublik Deutschland ihre künstlerischen Spuren hinterlassen. Letzterer hatte an der Stuttgarter Akademie eine Gastprofessur inne und kam etwa zur gleichen Zeit nach Stuttgart wie mein Mann. Beide haben zuvor an der Universität Haifa am Art Department gelehrt. Mittlerweile gibt es eine junge jüdische Künstlergeneration, die ihren Beitrag zu Gegenwartskunst der Bundesrepublik Deutschland leistet. Viele von ihnen haben eine Migrationsgeschichte.[57]

Lieber Michael, wenn du mich fragst, welche Bedeutung für mich Kunst und Medien haben, so sehe ich zuallererst deren Wirkung darin, die sinnliche Wahrnehmung des Menschen zu fördern und das bildliche Denken zu beflügeln. Dass wir Menschen sehr stark in Bildern denken, besonders im emotionalen Bereich, wissen wir aus der Psychotherapie und wenden wir in ihr an.

Bildliches Denken und Bilder können Inhalte direkt und unmittelbar an die Sinne vermitteln. Deshalb können sie stärkend und / oder identitätsstiftend wirken, anrühren und Assoziationsketten hervorrufen. Darin liegt aber auch ihre Gefährlichkeit, wenn sie zu negativen Emotionen anregen, zu Hass oder Gewalt anstacheln oder Angst entfachen. Die Symbolsprache der Bilder oder Metaphern kann heilsam wirken, zum friedlichen Miteinander inspirieren, aber auch durch ihre Wirkung auf die Gefühle das Gegenteil, Zorn und Kampf, erzeugen.

Bilder und auch Medien stiften Erinnerung und Gegenwart, schaffen einen äußeren Raum für innere Bilder, regen unsere Gestaltungsfreude an, bilden unseren inneren Schatz an Ressourcen und motivieren uns, sie in wandelnden Eindrücken, Zeitabläufen und Lebens- und Geschichtsabläufen neu zu interpretieren.

Barbara

Von der äußerlichen Gestalt zur innerlichen Qualität von Kunst

Eine interreligiös angeregte Bildungserfahrung

Liebe Barbara,

hab ganz herzlichen Dank für Deinen Brief zu Kunst und Kultur und zur Arbeit von Herbert! Dieses Schreiben von Dir hat mich sehr berührt, da es mich tatsächlich erstmals über meine eigene Haltung zu bildnerischer Kunst nachdenken ließ.

Wie Du weißt, stamme ich aus einer Arbeiterfamilie und hatte lange gerade auch für moderne Skulpturen eher Skepsis, wenn nicht Spott übrig. Denn auf mich wirkten viele körperliche Darstellungen eher überdreht und unverständlich, damit aber auch herabsetzend und ausschließend. Verwirklichten sich hierbei nicht überdrehte Intellektuelle auf Kosten von »ehrlich arbeitenden« Steuerzahlenden oder von reichen Mäzenen selbst, um dann auch noch mit ihren Erzeugnissen die Arbeiterschaft als weniger einsichtig zu verspotten?

Über lange Zeit hielt ich mich eher an vermeintlich verachtete Kunst wie Comics und die grafischen Welten von Computerspielen, die auch mich und meinen Verstehenshorizont ernst zu nehmen schienen. Als junger Gemeinderat in Filderstadt war ich dann zwei Mal direkt mit Kunstpolitik konfrontiert. Einmal, als auf eine Skulptur zweier Köpfe in meinem Heimatdorf Filderstadt-Sielmingen ein Brandanschlag verübt worden war. Gemeinsam mit den meisten anderen verurteilte ich die Tat und stimmte der Verausgabung von Geldern für Sanierung und schützende Verlegung des Kunstwerkes zu, auch wenn ich es selbst als »hässlich« empfand und die Ablehnung im Dorf nachvollziehen konnte. Aber Gewalt gegen Kunst erschien mir als Fanal, das nicht hinzunehmen war.

Das zweite Mal war ich Teil einer aus Gemeinderäten und Künstler:innen gemischten Auswahlkommission für ein teures Kunstbudget im Kontext einer S-Bahn-Haltestelle. Ich ging offen in die Vorstellung der verschiedenen Entwürfe hinein, bekam dann aber das unangenehme Gefühl, dass es in der Kunstszene bereits Absprachen gegeben hatte. Wir Gewählten wurden zu einem bestimmten Entwurf geradezu gedrängt, der noch dazu das Kostenbudget überschritten hatte. Als ich gegen beides protestierte, wurde mir von einem politischen Altmeister das Stimmrecht entzogen. Das war für mich eine ebenso verwirrende wie auch ernüchternde

Erfahrung. Ich begann zu begreifen, dass Künstlerinnen und Künstler zueinander einerseits in einer Konkurrenzsituation standen, miteinander aber auch Netzwerke bildeten, um an Aufträge zu kommen. Meine Einschätzung, dass einfach jenes Kunstwerk gewinnen würde, das im Kostenrahmen blieb und zugleich den meisten Gewählten »gefiel«, war also tatsächlich unterkomplex und naiv gewesen. Kunst muss nicht »gefallen«, sondern sie darf auch an- und abstoßen, um uns zum Denken anzuregen. Und zugleich waren Künstlerinnen und Künstler eben keine naiven Idealisten, sondern Menschen, die ihre Arbeiten sehr ernst nahmen und manchmal auch mit harten Bandagen um ihr wirtschaftliches Überleben kämpften.

Unbewusst spielte bei meiner langen Skepsis gegenüber figürlicher Kunst sicher auch die christlich-evangelische Tradition eine Rolle, die sich ja mit Berufung auf die Bibel ausdrücklich gegen die reiche Skulpturenkunst der katholischen Tradition wandte. Eine reiche Kirche, die den Menschen etwa über Ablassbriefe Geld abpresste und es dann nicht für die Hungernde ausgab, sondern für verschwenderische Heiligendarstellungen und kitschige Engel-Putten: So etwa sah das Bild aus, das sich auch schon lange vor meiner Erwachsenentaufe »hinter« meiner Abneigung gegen moderne Künstler verbarg.

Hier nun erfahre ich Deine Ausführungen zur Bundeslade und zum Tempel tatsächlich als sehr hilfreich.

Gott wird hierbei selbst als detailverliebter Auftraggeber für bildnerische Kunst – sichtbar! Und damit verschiebt sich die Frage von der äußerlichen Gestalt auf die innerliche Qualität von Kunst: Dient sie der Verherrlichung von »Götzen«, also falschen Göttern wie Gier und Ruhmsucht? Oder dient sie der religiösen und spirituellen Entwicklung der Menschen?

Schon jetzt kann ich also sicher sagen, dass unser interreligiöser Dialog mir auch ans Herz geht und tiefe, lang gehegte Einstellungen von mir verwandelt. Dafür will ich Dir herzlich danken!

Und zugleich möchte ich Dich fragen: Mir wurde oft gesagt, dass das Judentum den Dialog mit späteren Religionen und Weltanschauungen eigentlich gar nicht nötig hätte. Warum wurdest Du dennoch aktiv?

Michael

Die Frage nach verbindlichen Werten darf nicht liegen gelassen werden

Vom Dialog innerhalb der jüdischen Gemeinde zum interreligiösen Dialog

Lieber Michael,

bevor ich Deine Frage, warum ich mich aktiv in den interreligiösen Dialog einbrachte, beantworte, möchte ich Dir gerne schildern, warum ich mich für das Judentum und für die jüdische Gemeinschaft in Württemberg und seit einigen Jahren auch weit über die Grenzen hinaus engagierte und noch immer ehrenamtlich tätig bin.

Als ich vor knapp 30 Jahren von Wien über Israel mit meiner Familie nach Stuttgart übersiedelte, führte mich mein erster Weg in die jüdische Gemeinde nach Stuttgart. Ich wollte mich und meine Kinder als Gemeindemitglieder anmelden und das Leben in der jüdischen Gemeinde kennenlernen. Es war für mich gleichsam eine Verpflichtung, nachdem mein Mann und ich uns gegen die *Alija* (Einwanderung) nach Israel entschieden hatten, Teil des jüdischen Lebens in der Bundesrepublik, konkret in Stuttgart, zu werden. Es gab mehrere Gründe für diese Entscheidung: Nachdem die Tochter meines Mannes, deren »Stiefmutter« ich seinerzeit wurde, ihre Mutter bei einem traumatischen Badeunfall in Israel am Strand von Atlit verloren hatte und infolgedessen das Land für sie mit Leid und Schmerz verbunden war, wäre es für sie schwierig gewesen, dorthin zu übersiedeln. Für mich stellte die Sprache eine Hürde dar. Zwar kann ich Hebräisch lesen und auch in etwa verstehen, aber einen flüssigen Dialog zu führen, war ich nicht imstande. Dies hätte bedeutet, dass ich meinen Beruf als Psychotherapeutin nicht hätte ausüben können, da ich die Sprache *Iwrit* (das in Israel gesprochene moderne Hebräisch) zu wenig beherrschte. Für meinen Mann wäre die Aussicht, als Künstler dort am Art Department der Universität Haifa zu arbeiten, durchaus interessant gewesen. Dennoch erschien ihm die Möglichkeit, das Institut für Darstellen und Gestalten 2/Kunst und Neue Medien an der Universität Stuttgart aufzubauen und zu leiten, durchaus verlockend, zumal das Lehren neben der schöpferischen Arbeit der Kunstproduktion ihn sehr interessierte. Im Bereich der Architektur neben der Funktionalität wieder deren kreativen Anteil zu stärken und die Studierenden zu motivieren, sich nicht dem Druck der reinen Funktionalität zu beugen, war ihm ein großes Anliegen und gab schließlich den Ausschlag, nach Stuttgart zu übersiedeln. Mit dem zweiten Kind schwanger, stellte sich für mich die drängende Frage: Wie können wir unsere Kinder jüdisch erziehen und für das Judentum begeistern, wenn wir fortan doch in einem mehrheitlich nicht-jüdischen Umfeld leben sollten? Den ersten Schritt, unsere eigene jüdische Identität zu stärken und auf eine stabile Grundlage zu stellen, machte mein Mann. Er entschloss sich, als sogenannter »Vaterjude«[58] einen *Giur*, also einen religiösen orthodoxen Übertritt ins Judentum, zu vollziehen, um der Familie eine gemeinsame jüdische Identität zu geben und ein Vorbild für seine Kinder zu sein. Die Voraussetzung für einen orthodoxen Übertritt sind vielfältig: das Lernen der Gebote einerseits, aber auch deren Umsetzung im Alltag andererseits, die Beschneidung, der koschere Haushalt, das Einhalten des Schabbat und die enge Bindung an die jüdische Gemeinschaft. Dies alles gilt natürlich nicht nur für denjenigen, der sich zum Übertritt entschließt, sondern auch für den/die Partner/in und die Familie. Dies bedeutete einen grundlegend neuen Abschnitt in meinem Leben. Verkehrte ich in Wien in von traditionell, modern orthodox bis liberal eingestellten jüdischen Kreisen, so hatte ich mich nun ziemlich strikt nach den halachischen Geboten zu richten. Demzufolge hatte ich auch eine Menge an jüdischem Wissen nachzuholen und zu lernen. Schon vor meiner Übersiedlung nach Stuttgart hatte ich meinen ältesten Sohn regelmäßig zum Religionsunterricht zu einer jüdischen Religionslehrerin im zweiten Wiener Stadtbezirk, in dem sich zu dieser Zeit wieder verstärkt jüdische Familien ansiedelten und ihr religiös-orthodoxes Leben entfalteten, gebracht, damit er möglichst früh Hebräisch und Iwrit lernen sollte. Die ersten Gespräche im Hinblick auf den Giur hatten wir damals mit Oberrabbiner Eisenberg geführt, der unsere Familie kannte und schätzte. Durch die Übersiedlung nach Stuttgart war aber zunächst die jüdische Gemeinde Württemberg zuständig, da wir einen neuen Wohnort hatten.

In dieser Gemeinde stellte sich aber der Giur-Prozess viel schwieriger dar. Es gab zu dieser Zeit keinen Vorbereitungskurs für einen Übertritt für meinen Mann, keinen Religions- und Iwritlehrer, der meinen Sohn unterrichten konnte, da er noch nicht im Schulalter war, und in der ganzen Bundesrepublik gab es kein orthodoxes deutsches *Bet Din,* das den Übertritt hätte vollziehen können. Ein Bet Din ist eine Gemeinschaft von drei Rabbinern, die den Giur-Kandidat prüfen und über dessen Aufnahme ins Judentum entscheiden. Damals kamen die Rabbiner für ein Bet Din vor allem aus Israel oder Großbritannien. Diese hatten wenig Kenntnis über das jüdische Leben in der Bundesrepublik und waren auch nicht überzeugt, dass das jüdische Leben in den Gemeinden gestärkt werden müsse. Als Jüdin oder Jude in der Bundesrepublik zu leben stieß in Israel, aber auch in anderen europäischen Ländern, in denen es große orthodoxe jüdische Gemeinden gab, eher auf Befremden. Es bedurfte der wiederkehrenden Rechtfertigung für diesen Schritt. In vielen rabbinischen Kreisen außerhalb der

Bundesrepublik herrschte die Meinung, dass ein religiöser Übertritt in der Bundesrepublik eigentlich gar nicht möglich sei, da es zu wenig jüdische Infrastruktur vor Ort gebe, um ein orthodoxes Leben zu gewährleisten. Da der Rabbiner vor Ort den Giur selbst nicht durchführen konnte, entschloss sich mein Mann diesen doch in Wien vorzunehmen, da wir dort noch eine Wohn- und Arbeitsadresse hatten. Oberrabbiner Eisenberg, der seinem Vater in dem Amt des Oberrabbiners gefolgt war und sich in der jüdischen wie in der nicht-jüdischen Welt großer Beliebtheit erfreute, war bereit, uns in diesem Unterfangen zu unterstützen. So ließ sich denn mein Mann nach einer Zeit des Lernens und des Pendelns zwischen Wien und Stuttgart beschneiden und trat schließlich vor das Rabbinergericht, das aus drei Rabbinern bestand. Ich selbst hatte dafür zu sorgen, dass unser Haushalt den koscheren Regeln entsprach und wir regelmäßig an den Schabbat-G"ttesdiensten teilnahmen. Das Einkaufen der koscheren Produkte war nicht leicht. Man musste dafür nach Straßburg fahren, wo es mehrere koschere Supermärkte und Metzger gibt. Schabbat und die Feiertage in einer nicht-jüdischen Mehrheitsgesellschaft einzuhalten gestaltete sich auch viel schwieriger als in Israel, wo die jüdischen Feiertage eben auch als staatliche Feiertage gelten und daher keine Arbeit verrichtet wird. In Stuttgart befindet sich die Synagoge (erfreulicherweise) mitten im Stadtzentrum. Dies bedeutete aber, dass ich, wenn ich mit den Kindern zum

G"ttesdienst ging, vorbei an den offenen Läden, an den einkaufenden Bürgerinnen und Bürgern schritt und ich meinen Kindern dann stets erklären musste, warum wir es anders hielten. Ich selbst war an die Aufgabe zunächst sehr unbefangen herangegangen. Ich wollte meine Kinder jüdisch erziehen und ihnen ein positives Bild des Judentums vermitteln. Vor allem hatte ich den Vorsatz gefasst, dass wir so lange in Deutschland leben und unsere Söhne aufziehen konnten, solange es möglich ist, sich frei und ungezwungen zum Judentum bekennen zu können.

Ich wollte, dass sie sich genauso selbstbewusst als Juden definieren können, wie es katholische oder evangelische Christen für sich beanspruchen. Mein Bestreben war, ihnen einen anderen, unbeschwerteren Zugang zum Judentum eröffnen, als ich es selbst erlebt habe. Ich wünschte mir einerseits ein Judentum auf Augenhöhe: ein Judentum, das nicht allein geschützt ist durch das Wissen um die Massenvernichtung durch die Schoa und das schlechte Gewissen, das daraus resultiert – sondern eine weltoffene jüdische Gemeinschaft, die stolz auf eine jahrhundertelange Geschichte auf deutschem, europäischen und israelischem Boden ist, deren reiche Tradition in die Kultur des Landes bisweilen erwünscht, oftmals teilweise unmerklich oder bewusst verdrängt oder ausgegrenzt eingeflossen ist. Und ich wünschte mir andererseits ein Gedenken und eine Erinnerungskultur, die von demokratisch gesinnten Bürgerinnen und Bürgern geprägt ist und Verantwortung dafür übernimmt, dass Antisemitismus und Judenhass allmählich verebben.

Ich selbst war zu jener Zeit von der Erfahrung der jüdischen Gemeinde in Wien geprägt, die nach der Schoa nicht nur wieder zu einer großen selbstbewussten Gemeinschaft gewachsen war, sondern auch ein vielfältiges und buntes Angebot und eine breite jüdische Infrastruktur aufwies. Von jüdischen Buchläden, dem jüdischen Museum, jüdischen Schulen über koschere Bäckereien und Supermärkte sowie unterschiedliche religiöse und kulturelle Treffpunkte und Veranstaltungen, Jugendclubs, Elternheim und Seniorenbetreuung und einen jüdischen Sozialdienst gestaltete sich das jüdische Leben vielfältig und lebendig.

Mit der Übersiedlung nach Stuttgart beschäftigte mich fortan die Frage, wie ich meinen Kindern ein lebendiges Judentum vermitteln könne, eine Religionszugehörigkeit, die über das geschichtliche Bewusstsein der Schoa hinaus einen positiven Zugang zur Religion ermöglicht. Daher waren die Feiertagsgestaltung, der Besuch der jüdischen Kindertagesstätte, die G"ttesdienstbesuche wichtige Bausteine ebenso wie viele Reisen nach Israel. Auch der Kontakt mit jüdischen Familien aus der Gemeinde unterstützte dieses Vorhaben. Bewusst habe ich in den ersten Jahren den Kontakt zu nicht-jüdischen Menschen eher weniger gesucht, um das jüdische Weltbild und die Grundlagen der jüdischen Religion besser verankern zu können. Ich versuchte, den

Kindern die Gebote wie etwa die *Kaschrut* (die jüdischen Speisegesetze) als ein Prinzip der Unterscheidung nahezubringen, ohne ihnen dies als Last aufzubürden. Mit dem Eintritt in die Schule und vor allem in die weiterführenden Schulen entwickelte sich der innerfamiliäre Dialog manches Mal auch in ein regelrechtes Streitgespräch, bei dem meine heranwachsenden Söhne unsere bisweilen doch recht enge Welt kritisch zu hinterfragen begannen. Daher wurde auch für meinen Mann und mich die Frage immer wichtiger, an welchen Prinzipien wir als Familie festhalten wollten und welche verhandelbar waren. Immer öfters wurden meine Söhne auch als Vertreter ihrer Religion angesprochen und mussten und wollten sich dann auch positionieren. Der Kontakt mit gleichaltrigen nicht-jüdischen Jugendlichen gewann für sie neben den Kontakten aus der jüdischen Gemeinde zunehmend an Bedeutung.

Die talmudische Verpflichtung, einen Zaun um die Tora zu ziehen, war mir wichtig, aber zugleich merkte ich, dass ich in meinen weltanschaulichen Zaun Türen einbauen sollte, die mehr Begegnung zuließen, und dass ich aus meiner Umzäunung herausgehen und mich mit anderen Weltanschauungen konfrontieren musste. Ich hatte bis zu jenem Zeitpunkt wenig Wissen über die evangelische Kirche und ganz wenig über den Islam.

Als ich seinerzeit nach Stuttgart kam, erlebte ich zunächst eine unsanfte Landung in mehrfacher Hinsicht: Da Österreich zu jenem Zeitpunkt noch nicht bei der EU war, erhielt ich die ersten Jahre nur eine befristete Aufenthaltserlaubnis, und meine Zeugnisse wurden nicht als gleichwertig anerkannt. Wie viele andere Migranten musste ich mich mit meinen Kindern beim Ausländeramt melden. In der Straße, in der wir eine kleine Reihenhaushälfte erworben hatten, erklärte mir eine ältere Nachbarin, es sei erstaunlich, dass in so einem Stadtteil, in dem nur alteingesessene Familien wohnen, nun wir uns niedergelassen hätten.

Die jüdische Gemeinde, die mich vor meiner Ankunft gedrängt hatte, nach Stuttgart zu kommen, um den Kita-Platz endlich in Anspruch zu nehmen, hatte zu Beginn gerade einmal zehn Kinder zur Betreuung. Davon waren etwa die Hälfte israelische Kinder, deren Väter in einem technologischen Unternehmen arbeiteten, das israelische Fachkräfte nach Stuttgart holte und mit der jüdischen Gemeinde einen Vertrag zur Kinderbetreuung abgeschlossen hatte. Diese Kinder sprachen meist nur Iwrit, da die Familien nur für wenige Jahre nach Württemberg kamen und dann wieder zurück nach Israel fuhren und die Eltern kein großes Interesse hatten, dass die Kinder Deutsch lernten. Die zweite Gruppe waren Kinder von langjährigen Mitgliedern der Gemeinde, die Deutsch sprachen und dadurch einen gewissen privilegierten Status hatten, da ihre Eltern auch sehr oft zum Kern der jüdischen Gemeinde gehörten. Die dritte Gruppe waren die ersten Kinder der jüdischen Migranten aus den Ländern der ehemaligen Sowjetunion, die zu Beginn nur eine kleine Gruppe darstellten und die Russisch sprachen. Allerdings füllte sich die Kita sehr schnell in den kommenden Jahren, da zeitgleich ab 1992 mehr jüdische Migranten in Stuttgart und Württemberg eintrafen. Und damit veränderte sich die Gemeinde radikal.

Was sich anfangs als schwierig gestaltete, war die geringe Zahl an Kindern und die unterschiedlichen Sprachen, die in der Kita gesprochen wurden. Mein ältester Sohn gehörte als deutschsprechendes jüdisches Kind sozusagen zur Minderheit der Minderheit, was bei ihm anfänglich ein Gefühl von Fremdheit und Befremdung auslöste. Das religiöse Personal und auch die Erzieherinnen wechselten schnell, da die meisten über die »Sochnut« nach Stuttgart kamen, eine israelische Organisation, die Lehrer:innen und Erzieher:innen für zwei bis drei Jahre nach Deutschland entsandte, um die jüdischen Gemeinden zu unterstützen. Abgesehen von dem einmal im Jahr stattfindenden Neujahrsempfang, der von meinem Vorgänger im Amt des Vorstandssprechers, Meinhard Tenné sel. A., eingeführt wurde, und dem einmal im Jahr mit viel Glanz, Aufsehen und Prominenz stattfindenden WIZO-Basar,[59] der von der Rebezzin (Rabbiner-Ehefrau) Noemi Berger organisiert wurde, lebte die jüdische Gemeinde in Stuttgart zu jener Zeit eher zurückgezogen und mehrheitlich abgeschottet von der Stuttgarter Gesellschaft. Natürlich gab es private Kontakte in die Gesellschaft hinein, aber die jüdische

Gemeinde stellte eher einen Rückzugsort für das jüdische Leben dar, ein Stück Heimat für Alteingesessene und Neuankömmlinge, die die Religionsausübung, G"ttesdienste, die Feiertage und Fest- und Gedenktage organisierte und nach traditionellem Ritus gestaltete.

Mit dem Schwung der jüdischen Neuankömmlinge aus den Ländern der ehemaligen Sowjetunion brach eine riesige neue Aufgabenstellung für den zuvor eher kleinen jüdischen Landesverband herein. Zählte man zu Beginn der 1990er-Jahre etwa 700 eingetragene Mitglieder, so trafen in den ersten Jahren der Zuwanderung etwa 300 bis 400 Jüdinnen und Juden aus den Ländern der ehemaligen Sowjetunion ein. Und plötzlich trafen auch sehr unterschiedliche Lebenseinstellungen aufeinander: Die mit dem Status »Kontingentflüchtlinge« Zugewanderten ließen sich in Württemberg nieder, um sich hier ein neues Leben aufzubauen und sich in die hiesige Gesellschaft zu integrieren. Die alteingesessenen Mitglieder hatten sich zu jenem Zeitpunkt noch nicht von ihrem inneren Status des »auf gepackten Koffern sitzen« verabschiedet, also von der inneren Haltung, in der BRD nur vorübergehend zu bleiben, um irgendwann nach Israel, die Schweiz, Großbritannien oder in die USA auszuwandern, wo es ein reiches und vielfältiges jüdisches Leben gibt. Die Kinder vieler der alteingesessenen Mitglieder, von denen die meisten Überlebende der Schoa waren und als DPs *(displaced persons)* nach 1945 gewissermaßen auch als Flüchtlinge sich hier niedergelassen hatten, wurden als Jugendliche oder junge Erwachsene in Länder mit großen jüdischen Gemeinschaften geschickt, damit sie dort eine/n jüdische/n Partner/in finden und eine jüdische Familie aufbauen können. Deswegen war auch die jüdische Gemeinde Württemberg stark überaltert, und es fehlte an vielen Stellen eine geeignete Infrastruktur und ein professionell ausgebildetes Personal. Mit dem schnell anwachsenden Zustrom neuer Mitglieder wurde dieser Mangel deutlich spürbar. Für die neuen Mitglieder der jüdischen Gemeinde waren Deutsch zu lernen, möglichst schnell eine Wohnung und Arbeit zu finden, um die staatlichen Unterkünfte verlassen zu können und auf eigenen Beinen zu stehen, zunächst am wichtigsten. Die Erwartungen der langjährigen Mitglieder, nun einen zahlenmäßig stark anwachsenden G"ttesdienstbesuch sowie ein verstärktes religiöses Leben in der jüdischen Gemeinde vorzufinden, erfüllte sich zunächst eher langsam. Die jüdische Gemeinde wurde zu Beginn von den Neuankömmlingen nicht so sehr für die Befriedigung ihrer religiösen Bedürfnisse wahrgenommen, wie dies vielleicht für die DPs nach 1945 der Fall gewesen war, sondern als Ort des sozialen und kulturellen Treffpunkts, der ihnen die Integration in die bundesdeutsche Gesellschaft erleichtern sollte. Auf beiden Seiten schwankte das Miteinander zwischen Hoffnung und Enttäuschung. Manche Mitgliederversammlungen entzündeten sich am Vorwurf der mangelnden Deutschkenntnisse von der einen Seite und des Anspruchs auf

Übersetzung ins Russische als Zeichen der Wertschätzung aus der Perspektive der neuen Mitglieder. In dieser Zeit entschloss sich mich, da ich selbst meinen Beruf wegen der fehlenden staatlichen Anerkennung nicht ausüben konnte, für die neuen Mitglieder Deutschkurse anzubieten, die von Anfang an im Grunde Integrationskurse waren. Neben der Vermittlung der Grundkenntnisse der deutschen Sprache nahm ich meine Schüler:innen mit zu G"ttesdiensten, erklärte ihnen die Feiertage, erzählte über die jüdische Tradition und lehrte sie auch die Grundlagen der bundesdeutschen demokratischen Gesellschaft. Rasch füllten sich die Teilnehmerzahlen, und der Bedarf an solchen Kursen stieg. Ich begann, in der Kulturkommission mitzuwirken, da das Interesse an jüdischer Kultur und Wissen bei den neuen Mitgliedern enorm hoch war und unter diesen auch eine große Zahl an Künstlerinnen und Künstlern war, die dankbar für die Möglichkeit von Auftritten waren. Ebenso engagierte ich mich in der Kita-Kommission, da der Bedarf an Kita-Plätzen sehr groß war und eine Professionalisierung der pädagogischen Arbeit dringend notwendig war. Denn Bildung und Erziehung hatte in den Ländern der ehemaligen Sowjetunion und insbesondere in den jüdischen Familien einen sehr hohen Stellenwert. Auch in der Selbstwahrnehmung und -einordnung gab es zwischen Alteingesessenen und Neuankömmlingen große Unterschiede. Viele der neuen Mitglieder kamen aus großen Städten wie St. Petersburg, Kiew, Moskau, Talinn und hatten dort eine große Anzahl von Jüdinnen und Juden vorgefunden, die meisten hatten auch einen akademischen Bildungsweg absolviert, und sie fühlten sich als diejenigen, die durch eine riesige Zahl an Opfern während des Zweiten Weltkriegs den Nationalsozialismus besiegt hatten, was ihnen ein großes Selbstbewusstsein verlieh. Die Alteingesessenen fühlten sich in ihrer Wahrnehmung als ehemalige oder Kinder von Opfern der Schoa überrollt und überfordert. Einige Zeit später wurde ich eingeladen, als jüngste Kandidatin bei den Repräsentanzwahlen[60] zu kandidieren. Ich entschloss mich zu diesem Schritt, da ich den Bedarf an Austausch, Vermittlung, Wertschätzung aber auch am Aufbau neuer Strukturen wahrgenommen hatte.

Wenn Du, Michael, also vom Dialog mit den anderen Religionen und Weltanschauungen sprichst, so gestaltete sich mein Engagement in der jüdischen Gemeinschaft zunächst als Vermittlerin des Dialogs untereinander. Für den Dialog mit den anderen Religionen blieb bis Ende der 1990er-Jahre nur eine geringe Kapazität. Zu sehr war die jüdische Gemeinschaft in Württemberg, aber auch bundesweit mit dem Thema der Integration befasst.

Kurz nach der Jahrtausendwende waren die wichtigsten Schritte der Integration vollzogen: Mittlerweile war die Sozialabteilung personell aufgestockt, die Kita erweitert worden, die Religionsschule zahlenmäßig stark angewachsen, Zweigstellen wurden eröffnet, um den Mitgliedern, die außerhalb Stuttgarts in weiter Entfernung lebten, auch ein jüdisches Leben zu bieten. Damit wurde die Frage der Öffnung nach außen, des Dialogs mit der nicht-jüdischen Umwelt brennender. Damals war ich bereits Vorstandssprecherin in der ersten Amtsperiode. Mein Wunsch nach einem Dialog auf Augenhöhe stieß auf eine immer größer werdende Zahl an Befürwortern. Doch zunächst gestaltete sich der Dialog auf der kulturellen Ebene. Mit der Gründung der »Jüdischen Kulturwochen Stuttgart«, die ich ins Leben rief, stieß die jüdische Gemeinde auf großes Interesse. Angeregt wurde diese Initiative von Professorin Dr. Anat Feinberg und ihrem Mann Professor Dr. Robert Jütte in Kooperation mit der Stadt Stuttgart, unterstützt im Besonderen durch den ehemaligen Oberbürgermeister Dr. Wolfgang Schuster und die Sozialbürgermeisterin Gabriele Müller-Trimbusch. Sowohl innerhalb der jüdischen Gemeinde, aber auch bei den Stuttgarter Bürgerinnen und Bürgern wurde dieses Projekt sehr begrüßt und eröffnete damit auch einen Weg des Austausches zwischen Juden und Nichtjuden.

Kurze Zeit vor der Einführung der Jüdischen Kulturwochen Stuttgart war ein Projekt gleichen Namens von der Gesellschaft für christlich-jüdische Zusammenarbeit erfolgreich durchgeführt, aber nicht weitergeführt worden. Es entsprach dem neuen Selbstbewusstsein der jüdischen Gemeinde den Dialog nicht mehr anderen Institutionen zu überlassen, sondern selbst das Gespräch in die eigene Hand zu nehmen.

Einen neuen Impuls bekam der interreligiöse Dialog durch die Gründung von interreligiösen Dialogforen in zahlreichen Städten in Baden-Württemberg. Es waren die christlichen Kirchen, die gemeinsam mit den politischen Vertreter:innen der Städte und Kommunen die Initiative ergriffen, den interreligiösen und interkulturellen Austausch zu suchen. In Stuttgart sprach mich der evangelische Stadtdekan Hans-Peter Ehrlich auf die Mitwirkung beim Runden Tisch der Religionen an, und etwa ein Jahr später kam es zur Unterzeichnung des Manifests der Religionsgemeinschaften, das über 30 Religionsgemeinschaften in der Folge unterzeichneten.

Die Frage nach dem interreligiösen gesellschaftlichen Austausch wurde durch die starke Zuwanderung, die sich in der Bundesrepublik, aber auch auf europäischer Ebene vollzog, aufgeworfen. Es wurde deutlich, dass die wirtschaftliche Migration ein neues Bewusstsein in den sozialen Gruppierungen erfordert. Das Nebeneinander funktionierte nicht mehr, der Status des »Gastarbeiters« mit und ohne Familie war nicht länger akzeptabel.

Um diese Zeit, also vor etwas mehr als zwölf Jahren, sprach mich Professorin Katja Baur von der Evangelischen Hochschule Ludwigsburg darauf an, ob ich Interesse hätte, an einem interreligiösen Seminar zusammen mit ihr und einer Muslima als Dozentin teilzunehmen und die jüdische Position zu Themen wie G"ttesvorstellung und -glauben, Frauen- und Männerrollen in den abrahamitischen Religionen, Krankheit und Sterben,

Schöpfung und Lebensführung, Fest- und Feiertagsgestaltung sowie Friedenspositionen für Studierende der Religionspädagogik, der Sozialarbeit und der Diakoniewissenschaft darzulegen. Auch damals wurde ich mit der Frage konfrontiert, ob ich der Meinung sei, dass das Judentum den Dialog gar nicht nötig habe.

Zu jener Zeit hatte der ehemalige Vorstandssprecher Meinhard Tenné sel. A. Kontakt mit zwei jungen Männern, die eine interreligiöse Ehe führten, geknüpft und gemeinsam das abrahamitische Gespräch begonnen. Auf einem Abrahamsfest in Filderstadt lernte ich Dich, Michael, kennen. Deine Begeisterung für den interreligiösen Dialog, Dein Auf-den-Anderen-ohne-Wenn-und-Aber-Zugehen hat mich sehr berührt. Aus den Gesprächen mit Dir, aber auch aus den Seminargesprächen mit den Studierenden an der evangelischen Hochschule sowie mit Katja Baur und Emina Corbo Mesic und später ihrer Nachfolgerin Aynur Koyotürk lernte ich Gemeinsamkeiten und Unterschiede besser wahrzunehmen, und es stellte sich der Effekt ein, den Studierende zumeist nach Beendigung des Semesters für sich feststellten: den starken Antrieb, sich mit bestimmten Fragen aus der eigenen Religion noch einmal vertieft auseinanderzusetzen.

Ich denke, dass in einer so pluralen Gesellschaft, wie dies in der Bundesrepublik, aber auch in anderen europäischen Ländern der Fall ist, das interreligiöse Gespräch von großer Bedeutung ist, wenn wir die verschiedenen Einstellungen und Weltsichten wertschätzend in einer gemeinsamen Gesellschaft verbinden und nicht in Parallelgesellschaften zerfallen wollen. Eine gemeinsame Herausforderung für religiös denkende und lebende Menschen stellt heute die immer stärker säkular werdende Gesellschaft dar. Deshalb ist das Klären der Standpunkte und Werte von großer Bedeutung. Die Frage, an welchen ethischen Werten müssen und sollen wir festhalten, welche sind unerlässlich, wo müssen Grenzen gezogen und klare Kante gezeigt werden, darf nicht liegen gelassen werden.

Ich möchte mit zwei Aussprüchen des britischen Großrabbiners Jonathan Sacks sel. A. (1948–2020) enden, der ein großer Vertreter des interreligiösen Dialogs war:

> Am Sinai hat Gott sich selbst in gleicher Weise jedem offenbart. Im Augenblick der Begründung Israels ist jeder Einzelne ein Partner des Bundes und keiner steht höher als der andere. Offenbarung erschafft eine Republik freier und gleicher Bürger unter der Souveränität Gottes.[61]
> Religion ist Feuer – und wie Feuer; sie wärmt, aber sie verbrennt auch. Wir sind die Wächter des Feuers.[62]

Wir leben in einer Zeit, in der wir die Chance haben, einander kennenzulernen, wir sollten sie auch nützen!

Barbara

Als Christ sehe ich noch so viele Baustellen

Antisemitismus und Abrahamitischer Dialog

Liebe Barbara,

nun kann ich Deine Zugewandtheit, aber auch Deine natürlich wirkende Aufgeschlossenheit gegenüber dem interreligiösen Dialog besser nachvollziehen! Denn stell Dir vor: Mir war einerseits von Gelehrten versichert worden, das Judentum brauche für sich selbst den Dialog mit den nachfolgenden Religionen gar nicht. Und dann wiederum erlebte ich führende Mitglieder der jüdischen Gemeinden wie Dich und Meinhard, die uns jungen Christ:innen und Muslim:innen nicht nur mit Offenheit, sondern auch mit Begeisterung begegneten.

Ich habe mich oft gefragt, ob das eine Generationenfrage ist oder von der persönlichen Biografie abhängt. Dein Brief hat mir dagegen eine dritte Perspektive eröffnet: Gerade innerhalb von dynamischen Religionsgemeinschaften wie der Israelitischen Religionsgemeinschaft Württembergs finden ja auch enorme Entwicklungs- und Dialogprozesse »innerhalb« der Gemeinschaften statt. Dialog, das Verstehen des Andersglaubenden, wird damit auch absolut wertvoll zum Beispiel gegenüber Neumitgliedern, die vielleicht ganz andere Erwartungen an die Institutionen haben, als dies bisher der Fall war. Und dann wird der Religionen vergleichende Blick plötzlich nicht nur zu einer Nettigkeit, sondern zu einem Wert an sich: Was kann ich für mein eigenes, religiöses und spirituelles Engagement und Leben lernen?

So ist es nach meiner Erfahrung ganz egal, ob ich vor einem überwiegend christlichen, überwiegend islamischen oder überwiegend nichtreligiösen Publikum spreche: Sobald ich auf die Rolle des Judentums für die Herausbildung der Alphabetisierung und der Bildung zu sprechen komme, hören die Menschen sehr interessiert zu! Endlich erfahren sie ganz ohne Rassismus und Verschwörungsmythen, warum diese zahlenmäßig kleine Tradition eine so enorme Wirkung entfaltet und beispielsweise so viele jüdische Menschen Nobelpreise errungen haben. Und praktisch sofort beginnen die Menschen das auch auf ihre eigenen Traditionen zu spiegeln: Behinderte also das Zölibat die Entwicklung von Gelehrtenfamilien wie denen der jüdischen Rabbiner, wie sie dann im christlichen Kontext wieder mit dem evangelischen Pfarrhaus entstanden? Welche Auswirkungen hatte das Verbot des Buchdrucks arabischer Lettern vom 15. bis ins frühe 19. Jahrhundert? Ordnete daher nicht nur Kemal Atatürk in der Türkei den Wechsel von den arabisch-osmanischen zu den lateinisch-europäischen Buchstaben an? Steckt hinter der religionsübergreifenden Herstellung von Impfstoffen also gar keine Verschwörung, sondern ein Fortschritt?

Die Begeisterung, die Du bei mir für den interreligiösen Dialog erlebt hast, entstammte genau diesen vielen Aha-Momenten: Wann immer ich etwas von anderen Religionen und Weltanschauungen lernte, lernte ich auch etwas über mein Christentum und mich selbst. So erlebte ich zum Beispiel die christlichen Lehren zu Körperlichkeit und Sexualität als ziemlich komplex und verkorkst. Im Islam begegnete mir dagegen eine klare Unterscheidung zwischen streng verbotenen Berührungen außerhalb der Ehe und sehr sinnlicher Bejahung von Sexualität zwischen Verheirateten. So heißt es beispielsweise in Sure 2:187, der Ehemann sei der Frau »ein Gewand und sie sei ihm ein Gewand«. Das ließ mich dann auch beispielsweise das biblische »Hohelied der Liebe« neu lesen und verstehen.

Wie bereits beschrieben wollten mein damaliger muslimischer Mitvorsitzender Murat und ich den Antisemitismus auch unter jungen Christ:innen und Muslim:innen nicht akzeptieren und gingen daher von uns aus auf die jüdischen Gemeinden zu. Ich mag mir den Schaden nicht ausdenken, der hätte entstehen können, wenn wir abgewiesen worden wären. Indem Jüdinnen und Juden wie Du, Meinhard, Michael Kashi, Susanne Jakubowski und viele mehr uns mit offenen Armen empfingen, konnten wir ererbte Klischees und Vorurteile überwinden – erst in uns selbst, dann aber auch in anderen. Ich werbe daher immer wieder dafür, dass Nichtjüdinnen und Nichtjuden den Antisemitismus nicht nur »der Juden zuliebe« bekämpfen sollen, sondern auch im eigenen Interesse. Wir alle werden doch freier, wenn wir falsche oder sogar beängstigende und verschwörungsmythologische Überlieferungen überwinden, aus unseren Köpfen bekommen und dadurch auch nicht mehr an andere weitergeben! Mir ist schon klar, dass das eine Aufgabe ist, die mehrere Generationen dauern kann – aber irgendwann müssen wir doch damit mal anfangen! Daher, so verstehe ich es, ja auch der Titel unseres gemeinsamen Buches.

Und da Jesus – hebräisch Jehoschua oder Jeschua – nun einmal nicht zufällig ein frommer und begeisterter Jude war, ist es aus meiner Sicht völlig unverständlich, dass Leute immer noch christliche oder islamische Theologie studieren können, ohne auch nur ein einziges Seminar zum Judentum zu belegen! Fast alle Aussprüche, Taten und Deutungen Jesu sowie auch viele Verse des Koran machen einen neuen und sehr viel tieferen Sinn, wenn man die jüdischen Hintergründe dazu kennt!

Das gilt zum Beispiel für die Abrahamsgeschichte, auf deren biblischen Überlieferung auch die islamische Pilgerfahrt, die Hadsch in Mekka, teilweise wörtlich aufbaut. Oder denke nur an das durch den Film »Schindlers

Liste« weltweit noch bekannter gewordene Zitat aus dem Talmud: »Wer einen Menschen tötet, dem soll es sein, als habe er alle Menschen getötet. Wer aber einen Menschen rettet, dem soll es sein, als habe er alle Menschen gerettet.« Dieses Zitat aus dem Talmudtraktat bT Sanhedrin 37a findet sich auch im Koran, in Sure 5:32, was nicht nur inhaltlich bemerkenswert ist. Wäre ich ein islamischer Gelehrter, so würde ich überall verkündigen: »Seht her, Gott selbst zitiert in Seinem uns überlieferten Wort den Talmud, als es um den Schutz des Lebens geht! Kann es eine stärkere Aufforderung zum Dialog mit dem lebendigen Judentum für Frieden – Salam und Schalom – geben?«

Doch auch als Christ sehe ich noch so viele Baustellen, dass mir der Begriff vom »jüdisch-christlichen Kulturkreis« oft als plump und vereinfachend erscheint. Denn Christinnen und Christen haben über Jahrhunderte hinweg die gemeinsamen Wurzeln unserer Religionen in Sem und Abraham verleugnet, jüdisches Leben abgewertet, diskriminiert und auch verfolgt und vernichtet. Auch heute noch bezeichnet man im Christentum Tora und Tanach herablassend als »Altes Testament«, als handele es sich um eine überholte Smartphone-Generation, für die sich nur Sammler interessieren. Ich glaube ehrlich, dass Christinnen und Christen ihre eigene Religion erst dann richtig und tief verstanden haben, wenn sie die hebräische Bibel und deren lebendige Auslegung genauso sehr lieben, wie es Jesus getan hat. Deswegen sind große jüdische Religionsgelehrte nicht nur für mich als Religionswissenschaftler, sondern auch für mich als Christ von hoher Relevanz. Ich wage sogar die Prognose, dass es in Zukunft in jeder Stadt Religionsgelehrte – auch Frauen – geben wird, die über die Grenzen ihrer eigenen Glaubensgemeinschaft hinaus gehört und wirken werden.[63]

Dein Engagement an der Evangelischen Hochschule Ludwigsburg sehe ich bereits genau in diesem Kontext, liebe Barbara! Gemeinsam mit einer christlichen und einer muslimischen Kollegin eröffnet Ihr Studierenden die Chance auf eine neue Wahrnehmung der semitischen und abrahamitischen Religionen! Ihr gebt dabei Eure jeweilige Identität nicht auf, sondern lebt vielmehr vor, dass wir alle vom Miteinander in Wissen und Glauben gestärkt werden! Das weist in die Zukunft, und damit hast Du nach meiner Auffassung bereits am Besten unserer religiösen Traditionen aktiv mitgewirkt.

Wer sich also auf das Ressentiment, den Neid und Hass gegen die jüdische Alphabetisierung und Bildung, auf den Antisemitismus einlässt, macht sich selbst zu einem Werkzeug der Zerstörung – auch gegen die eigenen Wurzeln. Als mein Buch »Warum der Antisemitismus uns alle bedroht«[64] erschien, war ja noch nicht absehbar, dass Covid-19 uns genau dies neu vor Augen führen würde: Diejenigen, die sowohl das Virus wie auch die Impfstoffe dagegen als Teil einer angeblichen »jüdischen Weltverschwörung« deuteten, gefährdeten damit andere

– und sich selbst. Derzeit leiden und sterben sehr viele Menschen, die aufgrund von Verschwörungsmythen eine Covid-19-Impfung abgelehnt haben!

Gemeinsam mit dem Hexenglauben – also antifeministischen Verschwörungsmythen – gehört der Antisemitismus zu den ältesten Versionen des Verschwörungsglaubens und ist nach meinem Erachten auch der gefährlichste! So habe ich im Irak nicht nur unter Muslim:innen den sogenannten »Antisemitismus ohne Juden« direkt erlebt: Obwohl oder weil es gar keine jüdischen Gemeinden mehr im Irak gibt, waren viele Verschwörungsgläubige überzeugt, dass Juden und Israelis hinter dem sogenannten »Islamischen Staat« steckten! Und ein erheblicher Teil dieses arabischen, aber auch türkischen und kurdischen Antisemitismus ging auf das damalige Bündnis zwischen Adolf Hitler und dem Großmufti von Jerusalem, Muhammed al-Husseini, zurück.

Der auch von Dir zitierte Rabbiner Sacks ging sogar so weit, zu behaupten, dass »jede« Form des religiösen und politischen Extremismus auf einen sogenannten »pathologischen Dualismus« zurückgehe: die Abspaltung alles Angstvollen und Bösen aus uns selbst und dessen Projizieren auf eine andere Menschengruppe, wie eben Frauen und Juden. Und wer einmal damit anfängt, werde auch weitere Gruppen der Mitverschwörung beschuldigen, etwa Muslime oder Christinnen, demokratische Parteien oder Roma und Sinti. Ich denke inzwischen, Rabbiner Sacks hatte mit seiner These vom »pathologischen Dualismus« recht, und ich habe in all den Jahren kein Beispiel des Extremismus gefunden, das nicht genau so erklärt werden konnte.

Den Kampf gegen Antisemitismus führe ich also nicht aus schlechtem Gewissen, aus Schuldgefühlen oder ähnlichem. Ich führe ihn aus dem Gefühl der Verantwortung für alle Menschen – auch die jüdischen und israelischen -, für unsere Demokratie, unsere Religionen und für unsere gemeinsame Zukunft. Ich sehe keinerlei Chance, dass die Menschen die Klimakrise überleben sollten, wenn sie sich gleichzeitig in nicht nur falsche, sondern gefährliche und im Ergebnis mörderische Verschwörungsmythen stürzen!

Aber nach all dem, was schon bisher unter den Vorzeichen des Antisemitismus auch ganz konkret Deiner Familie mitten in Europa angetan wurde – woher schöpfst Du die Hoffnung, dass unsere Demokratien Bestand haben werden?

Michael

Handlungen, die einmal geschehen sind, können wiederkehren

Antijüdischer Hass und die Kraft weiterzumachen

Lieber Michael,

ein großer Teil meiner zuversichtlichen Lebenseinstellung verdanke ich, wie Du weißt, meiner Familie, die mir stets den Rücken bei meiner ehrenamtlichen und beruflichen Arbeit gestärkt hat. Ich habe im Laufe der Jahre auch mit so vielen Menschen in Stuttgart und Württemberg echte freundschaftliche Kontakte gefunden, die mir immer wieder deutlich machen, dass die Mehrheit unserer Gesellschaft in der Bundesrepublik an einem offenen Austausch interessiert ist und den Wert der freiheitlichen Demokratie schätzen gelernt hat. Immer wieder von neuem erfahre und spüre ich ein großes Interesse am Judentum und am jüdischen Leben. Als ich mich vor mehr als 20 Jahren in der Repräsentanz[65] der Israelitischen Religionsgemeinschaft zu engagieren begann, fand ich einige Gleichgesinnte, die sich darüber Gedanken machten, wie jüdisches Leben und jüdische Identität in der

Gegenwart und Zukunft aussehen könnten. Wir fühlten, dass das Konzept jüdischen Gemeindelebens, so wie es sich nach der Schoa entwickelt hatte, für uns nicht mehr passte. Uns verbanden die Sehnsucht und der Wunsch, dem jüdischen Leben einen neuen Impuls zu geben. Wir waren alle Familienmütter oder -väter mit heranwachsenden Kindern und merkten, dass das Wissen um die Schoa und die Opfer in der eigenen Familie kombiniert mit einem orthodox-traditionellen Weltbild, das eine starke Abgrenzung von der nicht-jüdischen Umwelt abverlangt, allein nicht mehr tragfähig war für eine positive Entwicklung jüdischer Identität für uns und unsere Kinder in der Bundesrepublik.[66] Wir trafen uns in einer Gruppe, die sich zunächst als so etwas wie eine außerparlamentarische Opposition verstand. Schließlich entschieden wir uns unabgesprochen gewissermaßen für den Marsch durch die Institution, das heißt wir begannen uns in unterschiedlichen Bereichen der jüdischen Gemeinde zu engagieren. Ich kandidierte für die Repräsentanzwahlen, nachdem ich sowohl von dem damaligen Vorstandssprecher, aber auch von mehreren Gemeindemitgliedern dazu aufgefordert worden war, und wurde sofort in dieses Gremium gewählt, mein Vorstandskollege war beim Sportverein und in der Wahlkommission aktiv, meine heutige Vorstandskollegin engagierte sich bei den Mitgliederversammlungen und trat dort als kritische Stimme auf. Ein Mitglied der heutigen Repräsentanz engagierte sich aktiv beim damaligen Studentenverband. Die muttersprachlich russischsprachigen Kollegen setzten sich für die Anerkennung und Integration der neuankommenden und neuangekommenen Mitglieder aus den Ländern der ehemaligen Sowjetunion ein und waren bestrebt, deren Bedürfnisse verstärkt in die Repräsentanz einzubringen. Dabei wurde von deren Seite der Ruf nach einem russischsprachigen Rabbiner laut. An dieser Frage zerbrach auch die Repräsentanz, in die ich das erste Mal gewählt worden war, deren Vorstandssprecher Meinhard Mordechai Tenné sel. A. gewesen war. Aufgrund der unterschwellig geäußerten bis offen formulierten Kritik außerhalb der Repräsentanz, aber auch von Mitgliedern innerhalb der Repräsentanz entschloss sich Meinhard Tenné sel. A. sein Amt als Vorstandssprecher und Mitglied der Repräsentanz niederzulegen, was zur Amtsniederlegung fast aller anderen Repräsentanzmitglieder führte, sodass Neuwahlen ausgeschrieben werden mussten. Meinhard Mordechai Tenné hatte über längere Zeit als Überlebender der Schoa, dessen Mutter und Schwester ermordet worden waren – er selbst war mit seinem Vater über die Schweiz nach Israel eingewandert und hatte dort eine politische Funktion ausgeübt –, eine starke Autorität in der Gemeinde innegehabt. Dies sicherte ihm bei den langjährigen Mitgliedern Anerkennung und Respekt. Durch seine frühere politische Tätigkeit als Mitarbeiter im Team um Teddy Kollek war ihm die Wahrnehmung der jüdischen Gemeinde in der Öffentlichkeit von eminenter Bedeutung. Dies veranlasste ihn dann auch, den Neujahrsempfang als Begegnungsmöglichkeit mit den politischen und gesellschaftlichen Funktionsträgern aus Stuttgart und der Region, insbesondere seinen Kontakt zu dem damaligen Oberbürgermeister Manfred Rommel und zur Sozialbürgermeisterin Gabriele Müller-Trimbusch, als angesehenes gesellschaftliches Event zu gestalten. Außerdem verfügte er über ein breites jüdisches Wissen und durch seine sehr guten hebräischen Sprachkenntnisse konnte er auch aus der Tora und dem Talmud vortragen und hebräische Zitate in viele seiner Reden einfließen lassen. Gerne lud er auch nicht-jüdische Funktionsträger zu sich nach Hause zu verschiedenen jüdischen Festen ein, um diese Aspekte jüdischen Lebens nahezubringen. Den Bedürfnissen nach Anerkennung auf Augenhöhe der neuen Mitglieder und ihrer unterschiedlichen jüdischen Identitäten und Selbstwahrnehmungen konnte er aber aufgrund seiner eher patriarchalischen Einstellung nicht genug Rechnung tragen. Seine Vorstellung, die sich mit derjenigen vieler anderer langjähriger Mitglieder deckte, ging davon aus, dass die neuen Mitglieder sich zunächst in die bestehende Gemeinde zu integrieren und deren Vorgaben zu akzeptieren hätten. Da aber im Laufe weniger Jahre die Zahl der neuen Mitglieder immer mehr anwuchs, sodass diese bald Dreiviertel der Mitglieder der jüdischen Gemeinde stellten, konnte dieses Konzept nicht mehr tragfähig und zukunftsweisend sein. Die Frage, wer wen integriert, wurde virulenter. Die Auseinandersetzung zwischen alteingesessenen und neuen Mitgliedern sollte auch in den kommenden Jahren die Themen in der Repräsentanz und in der jüdischen Gemeinde bestimmen. Dabei war der Diskurs von der Frage bestimmt: Wie viel an Tradiertem muss bleiben, und wie viel Neues kann und darf gestaltet werden? Nach dem Ausscheiden des langjährigen Landesrabbiners Dr. Joel Berger, der eine eher modern-orthodoxe religiöse Ausrichtung gepflegt hatte und vor allem die religiöse Erziehung im Religionsunterricht ins Blickfeld rückte, folgte bei der Besetzung der Stelle des Landesrabbinats ein streng orthodoxer Rabbiner, dessen Auslegungen und Haltung in der Öffentlichkeit wie auch bei vielen innerhalb der jüdischen Gemeinde auf Befremden stießen.

Derweil vollzog sich im Leben der jüdischen Gemeinde ein großer Wandel. Die Generation der Schoa-Überlebenden zog sich mehr und mehr aus den Gremien zurück und die Bedürfnisse der neuen Mitglieder nach stärkerer religiöser, kultureller und gesellschaftlicher Öffnung der Gemeinde wurden nach und nach umgesetzt. Das Engagement in interreligiösen und interkulturellen Foren nahm zu, der Wunsch nach Wahrnehmung als jüdischer Teil der Bürgerinnen und Bürger des Landes Baden-Württemberg schien sich mehr und mehr zu realisieren. Mit der Schaffung der jüdischen Kulturwochen, der Gründung des Forums jüdischer Bildung und Kultur e. V., dem Unterzeichnen des Staatsvertrags mit dem Land Baden-Württemberg, der Gründung der jüdischen Grundschule und der Vergrößerung der jüdischen Kindertagesstätte in einem eigenen Gebäude, der Gründung zahlreicher Zweigstellen der jüdischen Gemeinde im württembergischen Landesteil und den damit verbundenen neu erbauten (Ulm) oder wieder eingeweihten Synagogen (Esslingen), dem Haus für altersgerechtes Wohnen, der Betreuung der staatlichen Unterkünfte für jüdische Zuwanderer, aber auch für Flüchtlinge aus unterschiedlichen arabischen Ländern sowie der Gründung einer liberalen Gruppe unter dem Dach des jüdischen Landesverbands Württemberg, einer bunten und ansprechenden Gemeindezeitung, dem Engagement in zahlreichen jüdischen Organisationen von lokal bis bundesweit entstand ein lebendiges Netz jüdischen Lebens in Württemberg und ähnlich auch in Baden. Als Repräsentanzmitglieder der Gruppe »Zukunft« verband uns nicht nur die Freude am Gestalten und die ehrenamtliche Arbeit für die jüdische Gemeinde, sondern auch ein freundschaftliches Miteinander, das die Pluralität der Herkünfte und Identitäten in lebhafter Diskussion zu einem kreativen Gestaltungsprozess voranbrachte. Die Freude an der Entwicklung jüdischen Lebens ließ antijüdische Übergriffe doch relativ schnell wieder in den Hintergrund rücken in Anbetracht der vielen Neuerungen, die sich auftaten. Das erste richtige Aufhorchen entstand, als der Friedhof in Freudental unweit des pädagogisch-kulturellen Zentrums in der ehemaligen Synagoge gewaltsam geschändet wurde. Grabsteine wurden umgeworfen, mit Hakenkreuzen beschmiert und die Mauer des Friedhofs teilweise umgeworfen. Auch an anderen Orten in der Bundesrepublik fanden antisemitische Delikte statt. Noch nahmen wir diese wie auch die Gesamtgesellschaft zunächst eher als Einzeldelikte wahr. Wohl bemerkten wir immer wieder Schmierereien an jüdischen Friedhöfen und Institutionen, nahmen mit wachsender Sorge die steigende Zahl von rechten Parteien in den europäischen Parlamenten wahr, doch hofften wir, dass diese Entwicklung an der Bundesrepublik aufgrund deren Geschichte und der Aufarbeitung der nationalsozialistischen Vergangenheit vorbeigehen oder sich nur marginal bemerkbar machen würde. Was in der Gesamtgesellschaft und teilweise auch in den jüdischen Gemeinden, die zunächst von der Hoffnung getragen waren, eine neue »Renaissance des Judentums«[67] aufgrund der Zuwanderung und der damit verbundenen Möglichkeiten für die jüdischen Gemeinden zu erleben, übersehen wurde, ist die Tatsache, dass neben der von den alliierten Mächten verordneten Aufarbeitung der Geschichte des Nationalsozialismus die tatsächliche Entnazifizierung voller Lücken geblieben war. Die moralische Einschätzung und Bewertung von ehemaligen Nationalsozialisten übersah, wie tief die nationalsozialistische Propaganda in das Gewissen einer Nation eingesickert war; zu Recht weist Hannah Arendt darauf hin:

Die tiefe moralische Verwirrung im heutigen Deutschland, die aus diesem von den Nazis fabrizierten Durcheinander von Wahrheit und Wirklichkeit hervorgegangen ist, läßt sich nicht mehr mit dem Begriff Unmoral fassen.[68]

Auch wenn die Studentenbewegung in der Bundesrepublik die Frage nach der Verantwortung der Elterngeneration für die Entstehung und die Verbrechen des Nationalsozialismus stellte, so ging auch diese an der Tatsache vorbei, dass die ultrarechte Doktrin dennoch in vielen Gehirnen der bürgerlichen Mitte in West-, aber auch in Ostdeutschland im Verborgenen weiter tickte. Zu dem Wesen einer derartigen Erschütterung des Selbst- und Weltverständnisses individuell, aber auch einer ganzen Nation gehört es aus psychoanalytischer Perspektive, dass es immer wieder neu getriggert werden kann.[69] Das heißt: Diese Tendenz zur Rückkehr lügenhafter Realitätsentstellung bricht hervor, sobald Unsicherheit und Chaos unter den Bürgerinnen und Bürgern spürbar werden. Nur wenn die demokratischen Kräfte ein starkes Gegengewicht entwickeln, kann dieser Tendenz Einhalt geboten und eine Balance gefunden werden.

Die Zahl der antisemitischen Delikte stieg und damit auch die Sorge. Der damalige Präsident des Zentralrats, Dr. Dieter Graumann, rief einige Zeit später, nachdem häufiger und unverblümter auch in Reden von einzelnen politischen Vertretern rassistische und antisemitische Statements laut wurden, die Debatte um das Ende der Erinnerungspolitik entbrannte, in manchen städtischen Gegenden es zu Attacken auf jüdische Einrichtungen kam, zu einer Demonstration gegen Judenhass, die in Berlin stattfand, auf. Obwohl aus allen Städten und Ländern eine riesige Anzahl von Jüdinnen und Juden an der Kundgebung teilnahmen, und auch die Bundeskanzlerin Angela Merkel sowie die Fraktionsvorsitzenden der parlamentarischen Parteien, der Bundespräsident sowie ehemalige Bundespräsidenten sich einfanden und auch die Kirchenvertreter:innen teilnahmen, blieb die Resonanz in der Zivilbevölkerung sehr zurückhaltend.

Mit dem Scheitern des arabischen Frühlings, der Destabilisierung Syriens und der damit verbundenen massenweisen Flucht von syrischen und arabischen Bevölkerungsgruppen muslimischen Glaubens, die in ihren Herkunftsländern mit einer antijüdischen Einstellung sozialisiert wurden, sowie der steigenden Anzahl von Flüchtlingen aus dem afrikanischen Raum einerseits und andererseits den immer aggressiver auftretenden rechten und rechtsextremen Gruppierungen in den neuen Bundesländern der BRD tat sich eine Kluft auf, aus der antisemitischer Schwefeldampf aufstieg. Während die meisten politischen Vertreter zwar häufiger gegen Antisemitismus Stellung nahmen, blieben ernstzunehmende Maßnahmen immer noch aus. Dazu kam eine immer häufiger geäußerte Kritik an der Staatspolitik

Israels, die oftmals einseitig, unreflektiert und überheblich formuliert wurde, sich darüber hinaus auch antijüdischer Klischees bediente und bedient. Die Maßstäbe, die an den Staat Israel gelegt wurden und werden, sind oftmals bedeutend höher als an andere Staaten, und manch politischer Verantwortungsträger meinte, die Lösung für den Nahost-Konflikt durch eine maßlos überzogene Kritik am Staat Israel zu finden.

Wir als Jüdinnen und Juden aber konnten die Augen nicht davor verschließen, dass antisemitische Hassreden und Schmähungen unverblümter geäußert wurden, Friedhofsschändungen und Angriffe auf jüdische Einrichtungen zahlenmäßig angestiegen waren, Anschläge auf jüdische Menschen gezielter stattfanden. Der Anschlag auf die Synagoge in Ulm, der eine Woche später von den Tätern noch fortgesetzt wurde, Schülerinnen und Schüler, die antisemitischen Beschimpfungen in der Schule ausgesetzt waren, führen uns das Ausmaß der Entwicklung deutlich vor Augen.

Der Hinweis, dass das Tragen jüdischer Symbole wie der Kippa aus religiösen oder kulturellen Gründen in manchen Gegenden Deutschlands auch vom Präsidenten des Zentralrats, Dr. Josef Schuster, öffentlich als gefährlich eingestuft wurde, löste zwar medial große Aufmerksamkeit aus, führte aber zunächst noch zu keinen nennenswerten Maßnahmen. Es ist eine traurige Realität, dass erst der Anschlag auf die Synagoge in Halle und die unschuldig ermordeten Opfer, die sich in der Nähe befunden hatten, ein Umdenken einleitete. Auch die Ermordung Martin Lübkes und der Anschlag in Hanau machten aufrechten Demokraten deutlich, dass politische Reden oder Bekenntnisse allein nicht mehr ausreichen würden.

Es erzeugte in mir schon früher ein beklemmendes Gefühl, als ich die Studie von Julia Bernstein oder diejenige der Bertelsmann-Stiftung oder auch die Leipziger Mitte-Studie las, welche besagen, dass etwa 20–25 % der Bürgerinnen und Bürger eine antisemitische Haltung mehr oder weniger deutlich vertreten.

Natürlich wussten und wissen wir als Jüdinnen und Juden, dass antijüdische Ressentiments auch in den vielen Jahren nach der Schoa trotz vielfältiger Bildungsprogramme und -initiativen, die gerade in der Bundesrepublik verstärkt durchgeführt wurden, nicht zum Verschwinden gebracht wurden. Man denke hier etwa an die Einführung der »Woche der Brüderlichkeit«, angeregt zunächst durch die Alliierten, die gerade in diesem Jahr in Stuttgart stattgefunden hat und aufgrund des Jubiläums wieder zahlreiche Veranstaltungen landesweit präsentierte, oder den Lehreraustausch zwischen Baden-Württemberg und Israel, die vielen Vorträge und Informationsveranstaltungen und Broschüren seitens der Landeszentralen für politische Bildung, die Einführung des Unterrichtsfachs »Gemeinschaftskunde« in den weiterbildenden Schulen etc. Und irgendwie bestand immer die Hoffnung, dass antisemitische und rassistische Ressentiments mit der Zeit eher abnehmen als zunehmen würden. Die vielfachen positiven Rückmeldungen, die freudigen Meldungen und Veröffentlichungen in den Medien, wahrscheinlich auch vielfältige persönliche Freundschaften und Begegnungen mit aufgeschlossenen und demokratisch eingestellten Bürgerinnen und Bürgern haben unsere eigene Wachsamkeit vielleicht zeitweise etwas ausgebremst. – Die politischen Verantwortungsträger jedoch haben über lange Zeit die Augen davor verschlossen, was sich jenseits der gewünschten Selbstwahrnehmung des freiheitlich demokratischen Staates an obskuren Ideen zusammenbraut. Zunächst wurde die Bedrohung einseitig hinsichtlich des islamistischen Terrors wahrgenommen. Erst der Einzug der AfD in zahlreiche Landtage der BRD, der Einzug rechter und rechtsextremer Parteien in eine steigende Anzahl von Parlamenten in Europa, die den Nährboden für rechtsextremes Gedankengut immer stärker aufbereiten, antisemitische und rassistische Ausschreitungen ließen schließlich aufhorchen und haben die Notwendigkeit eines Einschreitens und Handelns deutlich gemacht.

Der Enthusiasmus von Jüdinnen und Juden der 1990er-Jahre, der vom Aufbau der jüdischen Gemeinden in der Bundesrepublik geprägt war, die Freude über die neuerbauten Synagogen und Gemeindezentren, die Dankbarkeit für das gewachsene Selbstbewusstsein bei den jungen Jüdinnen und Juden ist einem unsanften

Aufprall in der Gegenwart gewichen, in der wir uns nicht nur mit antisemitischen Ressentiments auseinandersetzen müssen, sondern auch mit dem Wiederaufbrechen antisemitischer Stereotypen der untersten Schublade und Verschwörungsmythen, die uns Jüdinnen und Juden für Wirtschaftskrisen, die Covid-19-Pandemie und vieles mehr als Schuldige verantwortlich machen. Wenn ich an die Aufmärsche von Rechtsextremisten in der Bundesrepublik vor der Pandemie denke, dann war es mir immer unverständlich, dass ein demokratischer Rechtsstaat keine Rechtsmittel anwandte, um solche Aktionen zu unterbinden. Freiheit bedeutet keineswegs Laissez-faire und ein so subtiles Gebilde wie ein freiheitlich-demokratischer Rechtsstaat muss auch Grenzen ziehen, wenn die Freiheit bedroht wird. Dass es erst des Terroranschlags von Halle bedurfte, dass rechtsextremistische Vereine verboten wurden, dass die Notwendigkeit der materiellen und personellen Sicherheit der jüdischen Gemeinden erkannt wurde, ist für mich fragwürdig und schmälert auch mein normalerweise vorhandenes Gefühl der Dankbarkeit für staatliche Zuwendungen. Es ist ein Schritt in die richtige Richtung, dass sehr bewusst jüdische Einrichtungen nun einen bedeutend größeren Schutz erfahren als zuvor. Aber ich kann nicht daran vorbeisehen, dass die Vorstände vieler Landesverbände und Gemeinden jahrelang bereits auf die Gefahren hingewiesen und den fehlenden Schutz eingemahnt hatten. Warum wurde ihre Stimme nicht gehört? Warum mussten zahlreiche Menschen unterschiedlicher Herkunft ermordet werden, damit der Staat und seine Verantwortungsträger erst auf die Gefahr des Rechtsextremismus aufmerksam wurden?

Wie oft wurde in den Reden von politischen Verantwortungsträgern die formelhafte Wendung des Lernens aus der Schoa verwendet und gleichzeitig darüber hinweggesehen, dass viele Gemeindezentren ungeschützt geblieben sind. Hat sich denn niemand gefragt, was es für Überlebende der Schoa und deren Nachkommen bedeutet, wenn sie die Horden bei Pegida-Aufmärschen, bei rechtsextremen Kundgebungen sehen? Das Trauma der Schoa hat nicht bei der Generation der Überlebenden geendet, wie wir heute aus zahlreichen Studien und Beobachtungen wissen. Es hat sich in den Seelencode der Kinder und Kindeskinder gewissermaßen eingeschrieben und bricht hervor, sobald ein antisemitischer Akt deutlich wird. Wir sind sensibilisiert und werden es auch bleiben. Und wir reagieren manches Mal wie Seismographen, indem wir Gefahren wahrnehmen, die noch unter der Oberfläche schwelen.

Dennoch ist es positiv zu bewerten, dass nun zahlreiche Regierungen der Bundesländer der BRD mit den jüdischen Landesverbänden Verträge zum Schutz der Gemeinden abgeschlossen haben und abschließen werden. Mein eigenes Bundesland hat gerade hier unwahrscheinlich schnell und zielorientiert gehandelt. Auch die Ernennung von Antisemitismus-Beauftragten ist ein klarer Schritt in die richtige Richtung. Gerade Du, lieber Michael, hast ja als erster Antisemitismus-Beauftragter des Landes Baden-Württemberg Deine Arbeit aufgenommen und in Deinem ersten Antisemitismus-Bericht auch einen Katalog von Forderungen und Verbesserungsvorschlägen gemacht. Unermüdlich bist Du seither durch das Land gereist, hast zahlreiche Vorträge gehalten und vor allem bist Du darum bemüht, dass nicht nur Reden gehalten werden, der Finger in die Wunde gedrückt wird, sondern konkrete Maßnahmen im Einverständnis mit der Landesregierung umgesetzt werden. Man denke etwa an die Ernennung von Polizeirabbinern sowie die Einführung von Antisemitismus-Beauftragten in der Justiz. Dennoch bleibt es traurige Realität, dass Du immer wieder Schmähungen ausgesetzt, von der AfD angegriffen und im Internet wüst beschimpft und bedroht wirst.

Aus meiner religiösen und gesellschaftspolitischen Haltung nehme ich die Überzeugung, dass wir nicht warten dürfen, dass andere sich für Freiheit und demokratische Werte einsetzen, sondern jeder Einzelne von uns sich dieser Aufgabe widmen muss, damit diese Gesellschaft nicht in ein inhumanes Weltbild kippt. Was uns die letzten Jahre und brutalen Anschläge auch auf bundesrepublikanischem Boden gezeigt haben, ist, dass wir uns nicht auf der Überzeugung, eine freiheitlich-demokratische Gesellschaft erreicht zu haben, ausruhen dürfen, sondern für diese eintreten müssen, jeder in seinem Bereich.

Der Holocaust-Überlebende und Schriftsteller Primo Levi (1919–1987) hat es deutlich ausgedrückt, dass Gedanken oder Handlungen, die einmal geschehen sind, wiederkehren können und im Grunde auch nicht aus der Welt zu schaffen sind. Die Schoa hat gezeigt, dass das Böse als solches Bestandteil der Welt ist, dass es auch unter dem Deckmantel der gesellschaftlichen Exekutive Recht in Unrecht verwandeln kann. Dass staatliches Handeln auch mit den entsprechenden staatlichen Institutionen nicht davor gefeit ist, missbraucht und verkehrt zu werden. Dies bedeutet, dass es immer wieder eine überwiegende Mehrheit an Bürgerinnen und Bürgern geben muss, die sich für ein respektvolles freiheitlich-demokratisches Miteinander in Würde und Akzeptanz des Anderen einsetzen und Ausgrenzung, Verleumdung, Herabwürdigung von Menschen und Menschengruppen mit Worten und Taten bekämpfen. Diesen Menschen den Rücken zu stärken, uns gemeinsam für eine freiheitliche Zivilgesellschaft einzusetzen, ist heute unser Auftrag, dem wir uns als Bürgerinnen und Bürger egal welcher Religion, Herkunft und Zugehörigkeit nicht entziehen sollten.

Wir Jüdinnen und Juden glauben, dass ein friedliches Miteinander nicht von G"tt allein gegeben wird, sondern dass wir uns dafür immer wieder von neuem auf den Weg machen müssen. Diese Gedanken habe ich auch von meinen Eltern und meinen jüdischen Verwandten immer wieder vorgelebt bekommen. Wohl betrachtete meine Mutter die Haltbarkeit der demokratischen Gesellschaft mit einer gewissen Skepsis und begründete dies ähnlich wie Primo Levi: Wer einmal erlebt hat, wie eine Gesellschaft in ein faschistisches nationalsozialistisches System umschwenkt, fürchtet hinter der dünnen Oberfläche der freiheitlichen Demokratie immer wieder die hässliche Fratze des Antisemitismus. Dennoch war sie auch von einer großen Zuversicht gegenüber der demokratischen Entwicklung geprägt. Wenn ich heute manche Plakate in Stürmermanier oder manche Hassreden im Internet verfolge, dann bin ich beinahe dankbar, dass meine Mutter dies nicht mehr erleben muss. Wie sehr hätte es ihren fragilen Glauben an eine stabile, von Ethos geprägte Gesellschaft erschüttert.

Es scheint mir, dass wir an einer Kippe stehen, angefeuert durch die über uns hereingebrochene Covid-Pandemie. Wir haben zwar eine starke und durchsetzungsfähige demokratische Ordnung, die alle Mittel besitzt, den Rechtsstaat zu schützen und zu fördern, mehrheitlich verantwortungsbewusste politische Vertreter:innen, die für einen gerechten und an ethischen Werten orientierten Staat eintreten, sowie eine überwiegende Anzahl von Bürgerinnen und Bürgern, die sich für die Verwirklichung der demokratischen Ziele je auf ihrem Platz einsetzen. Wir haben aber auf der anderen Seite auch eine nicht zu unterschätzende Zahl von Bürgerinnen und Bürgern – leider auch in der Mitte der Gesellschaft –, die den Gebrauch ihrer demokratischen Rechte entweder fallen lassen oder sich aus Frust und Bequemlichkeit von rechten Parolen aufhetzen lassen. Demonstranten gegen die Corona-Maßnahmen setzen die Einschränkungen, die dem Schutz der Menschen und des Lebens dienen, perverserweise gleich mit dem Mord an der jüdischen Bevölkerung durch die Nationalsozialisten und missbrauchen jene Embleme, die Zeichen der Ausgrenzung, Verfolgung, Vertreibung, Hetze und Mord der jüdischen Bevölkerung waren, um sich selbst als Opfer zu stilisieren.

Lieber Michael, Du fragst mich, was mich bewegt, mich für eine Zukunft in diesem Land einzusetzen? Ich denke, es ist uns und vielen aufrechten Menschen in diesem Land gelungen, über den verstörenden Abgrund der Schoa eine Brücke zu schlagen, die Erinnerung wachzuhalten, aber auch eine gemeinsame Zukunft nicht nur zu denken, sondern auch klare Schritte für diese zu setzen. Wir sind doch schon ein so bedeutendes Stück vorangekommen, haben viele Hürden genommen, um das Zusammenleben von Juden, Christen und Muslimen, aber auch anderen Religionsangehörigen zu fördern, dass wir uns diese Errungenschaften eines Miteinanders nicht zerstören lassen sollten.

Als Jüdin gehe ich vielleicht auch realistischer als andere mit der Tatsache um, dass Antisemitismus nicht verschwinden wird. Denn bereits in der Tora finden wir das Volk der Amalekiter erwähnt, das das jüdische Volk vernichten will, und dazu die Aussage HaSchems, dass in jeder Generation auch Amalek als Inbegriff des Bösen wiedererstehen kann und bekämpft werden muss. Aber neben dieser im Grunde bedrohlichen Aussage der Tora finden wir in beeindruckender Weise G"ttes Wollen und Wirken für ein Leben der Menschen in Freiheit und Würde. Die Pessach-Haggada öffnet uns die Augen dafür, dass wir als Menschen dafür geschaffen wurden, diese Welt nicht nur weiterzuentwickeln und zur Verbesserung der Welt beizutragen, sondern auch einander in Respekt und Akzeptanz zu begegnen. Wenn wir alljährlich den Seder-Abend feiern und uns bewusst bequem in den Stuhl lehnen, denken wir daran, dass wir nicht als Sklaven, sondern als Freie unter Freien leben sollen und dürfen und uns dafür tagtäglich engagieren sollen.

Barbara

Es lohnt sich der Kampf um jede Seele

Strategien gegen den Antisemitismus

Liebe Barbara,

nachdenklich habe ich Deine Ausführungen zum Immer-Wiederkehren des Antisemitismus gelesen. Zunächst wollte ich Dir widersprechen und etwa darauf hinweisen, dass wir doch zum Beispiel die Konferenz zur Sicherheit der Synagogen in Baden-Württemberg Wochen »vor« dem Anschlag von Halle in Stuttgart gemeinsam veranstaltet haben. Dass wir Innenminister Thomas Strobl und viele Polizist:innen dafür gewinnen konnten, ein gemeinsames Sicherheitskonzept samt fester Ansprechpersonen für die Synagogengemeinden zu etablieren. Aber beim zweiten Nachdenken musste ich Dir recht geben. Schließlich hatte ich für diese Sicherheitskonferenz ja auch vor dem Hintergrund unserer Erkenntnisse zur vor allem digitalen Radikalisierung geworben. Ich hatte dem Innenminister vorgetragen: »Ich kann Ihnen nicht sagen, wann und wo genau ein Anschlag passieren wird. Aber ich kann Ihnen sicher sagen, dass er passieren wird. Denn es steigt zwar in Deutschland nicht die Zahl der Antisemiten – doch jene, die antisemitisch fühlen, vernetzen und radikalisieren sich im Internet. Wir müssen also auch mit Gewalt rechnen!«

Und ich muss auch zugeben, dass die Sicherheitskonferenz bei allem Erfolg auch eine Enttäuschung mit sich brachte: Mit Ausnahme der »Jüdischen Allgemeinen« hatte keine einzige Zeitung oder Zeitschrift eine Journalistin oder einen Journalisten entstand. Viele derjenigen, die später »Man hätte längst …«-Kolumnen schreiben würden, hatten das Thema Sicherheit der jüdischen Gemeinden selbst gar nicht auf dem Schirm gehabt. Obwohl es doch die europaweiten Umfragen unter Jüdinnen und Juden, die einen Anstieg des Antisemitismus im Netz und ein Überschwappen auf die Straßen berichteten, ebenso gegeben hatte wie eine Zunahme an antisemitischen Straftaten wie Hakenkreuzschmierereien und Grabschändungen.

Als ich mein Amt auf den Vorschlag beider Israelitischer Religionsgemeinschaften (Baden und Württemberg) hin und mit Einverständnis aller Landtagsfraktionen außer der AfD antrat, hatte ich tatsächlich gehofft, es gebe einen breiten Konsens, mehr im Kampf gegen Antisemitismus zu tun. Und diesen gibt es zwar nach meiner Erfahrung auch, aber jeweils vor allem mit Blick auf »die anderen«: Viele wissen ganz genau, was andere tun müssten – sie selber aber nicht. Deswegen arbeite ich so viel und halte auch viele Vorträge, über die die

Lokalpresse dann berichtet: Denn es geht eben auch um knappe Ressourcen wie Aufmerksamkeit, Zeit und Geld, um etwa die Sicherheitsmaßnahmen für jüdische Einrichtungen zu erhöhen, Bildungs- und Integrationsprojekte ebenso wie Umbenennungen und manchmal auch Gesetzesänderungen auf den Weg zu bringen, schließlich Aus- und Fortbildungen gerade auch in den staatlichen Behörden zu verbessern. Ich danke Dir sehr, dass Du siehst, was mein Team und ich zu leisten versuchen, nicht selten bis zur Erschöpfung.

Dass der Antisemitismus unter Menschen arabischer, türkischer und generell islamischer, aber auch zum Beispiel osteuropäischer Herkunft ein Riesenthema ist, hat mich ja damals mit in die Arbeit gegen Antisemitismus gebracht. Dennoch haben mich neulich die Schilderungen von Arye Sharuz Shalicar sehr erschüttert, der in »Ein nasser Hund ist besser als ein trockener Jude« aus seiner Jugend als Jude in Berlin-Wedding berichtete.[70] Er lebt heute in Israel – und wer sein Buch gelesen oder den Film dazu gesehen hat, versteht auch, warum. Wenn wir den Antisemitismus nicht auch unter Zugewanderten noch viel entschiedener bekämpfen, wird uns allen das in Zukunft sehr schaden.

Eine absolut unangenehme Entdeckung für mich war der »libertäre Antisemitismus« im Namen der Freiheit. Mir begegnete dieser bereits in liberalen Vereinigungen wie der Hayek-Gesellschaft, die zunehmend in den Rechtspopulismus umzukippen drohten. Heute erkenne ich, dass Bücher von Autoren wie Roland Baader gezielt unter den jüngeren Menschen gestreut wurden, um sie in einem plumpen Guter-Markt-Böser-Staat-Dualismus zu radikalisieren. Und wer einmal an eine solche weltweite Verschwörung der demokratischen Staaten glaubte, kippte dann nicht selten in den Antisemitismus ab. Als ich vor den entsprechenden »Kulturmarxismus«-Verschwörungsmythen warnte – einer angeblichen jüdisch-linken Verschwörung, die bereits der Anarchist Bakunin am Ende des 19. Jahrhunderts behauptet hatte –, verklagte mich sogar der Degussa-Geschäftsführer Markus Krall aus München! Erfreulicherweise scheiterte er und hatte auch die Verfahrenskosten zu tragen.

Krall und viele andere berufen sich dabei auch auf das Christentum – der christlich geprägte Antisemitismus ist leider auch in den Kirchen noch keinesfalls überall überwunden. Hier muss auch im christlich-jüdischen Dialog noch sehr viel geschehen, damit sich in den Kirchen nicht eine »Vergangenheit-fertig«-Haltung breitmacht. Denn tatsächlich wirken unselige Traditionen wie eine falsche Identifikation mit der Hamas oder die Verhöhnung von Tora und Tanach als »Altes Testament« bis heute auch in christlichen Kirchen weiter.

Vor allem am Anfang habe ich mich sehr schwer damit getan, dass sich auch einzelne Jüdinnen und Juden an antisemitischen Kampagnen beteiligten. Dies traf zum Beispiel auf radikale Flügel der BDS-Bewegung[71] hinzu, in der sich linke und radikal-islamische Kreise etwa der Hamas miteinander gegen den Staat Israel verbündet hatten, diesen boykottieren und letztlich zerschlagen wollten. Hier hatte ja Abraham Melzer versucht, auch Charlotte Knobloch Hinweise auf seine antisemitischen Äußerungen zu untersagen. Auch er war aber erfreulicherweise vor dem Landgericht München 2018 damit gescheitert.

Noch sehr viel stärker erlebe ich jüdische Beteiligung auf der politischen Rechten, etwa in der Gruppierung »Juden in der AfD«, die mich tatsächlich mehrfach via Twitter anging. Auch von einigen jüdisch-rechten Bloggern aus dem In- und Ausland erhielt ich wüste Angriffe. Eine Trump-nahe Organisation, die den guten Namen von Simon Wiesenthal missbraucht, ließ mich - wie früher schon Barack Obama, einen deutschen Botschafter und die BBC - sogar auf eine digitale Prangerliste setzen. Dass die AfD sogar mit einem jüdischen Kandidaten in die Bundestagswahl 2021 zog, der »Juden, aber normal« plakatierte und den Zentralrat als Dachverband der jüdischen Gemeinden in Deutschland und gewähltes Gremium als »Berufsjuden« schmähte, hat mich anfangs noch schockiert. Inzwischen habe ich aber gelernt zu akzeptieren, dass unsere Psyche als Menschen eben grundsätzlich anfällig für Freund-Feind-Dualismus, Ethnonationalismus und Verschwörungsmythen ist – und beispielsweise auch der Mörder am israelischen Regierungschef Yitzchak Rabin meinte, damit eine jüdisch-palästinensische Verschwörung zu vereiteln. Du glaubst gar nicht, wie viele Menschen mir grinsend vorgehalten haben, dass doch auch in Israel einige etwa die erfolgreiche Impfkampagne der Regierung mit dem Holocaust gleichgesetzt haben. Ich antworte solchen Leuten dann, dass sie doch endlich aufhören sollen, so zu tun, als wären Menschen jüdischer Herkunft nicht ebenso von psychologischen Fallen bedroht wie alle anderen auch. Dass auch haredische Gruppen den Zionismus und Staat Israel ablehnen, bedeutet nicht, dass diese Position logisch oder in Ordnung wäre. Ich nehme zwar eine durchschnittlich sehr viel größere Sensibilität unter Jüdinnen und Juden gegenüber den Gefahren von Verschwörungsmythen und Rassismus wahr, aber leider keine vollständige Immunität dagegen. Jüdinnen und Juden sind Menschen; und wer sie nur unter dem Vorbehalt akzeptieren will, dass sie ausnahmslos »bessere Menschen« sein müssten, hat den Antisemitismus nach meiner Auffassung nur gewendet, aber nicht wirklich überwunden. Es muss reichen, dass wir alle Menschen sind.

Die größte Sorge bereitet mir aber kein Trolling, sondern die digitale Radikalisierung des Antisemitismus. Digital aktive Antisemiten wie Tilman Knechtel leugnen den Holocaust längst nicht mehr – sondern behaupten, er wäre von den angeblichen jüdischen Weltverschwörern (wie dem Bankhaus Rothschild) selbst angezettelt worden, um die Gründung des Staates Israel zu erzwingen! Menschen heften sich Judensterne mit Aufschriften wie »Ungeimpft« oder in Stuttgart auch »Dieselfahrer«

an und verhöhnen damit nicht nur die realen Opfer des Holocaust, sondern setzen auch die heutige Demokratie mit dem NS-Regime gleich. Ich habe noch nicht den Eindruck, dass wir diese digitale Radikalisierung und Verrohung bereits stoppen konnten!

Ich glaube deswegen inzwischen, dass wir über Jahrzehnte, vielleicht über Generationen hinweg einen »Dreiklang« benötigen werden:

(1) Sicherheitsmaßnahmen vor jüdischen Einrichtungen, weil sich immer wieder Antisemiten radikalisieren. Denken wir nur an den Brandanschlag eines mutmaßlich deutsch-türkischen Attentäters auf die Synagoge Ulm.

(2) Einsatz, weil sich Antisemitismus in Institutionen und Traditionen festsetzt und nicht ohne auch teure und manchmal schmerzhafte Prozesse überwunden werden kann. So sehe ich schon jetzt, dass die europaweit erstmalige Benennung von zwei Polizeirabbinern tief in unsere Polizeieinheiten und deren Ausbildung hineinwirkt. Auch Austausch und Zusammenarbeit mit Israel muss es noch viel stärker geben – doch um Gelder wird eben auch immer zwischen verschiedenen Politikfeldern gekämpft.

(3) Bildung, weil kein Mensch als Rassistin oder Antisemit geboren wird, wir aber alle anfällig für solche Traditionen sind. Wie Du es ja mit psychoanalytischer Begründung geschrieben hast, so würde auch ich sagen, dass eine wirkliche Erziehung hin zur Akzeptanz von Vielfalt auf Basis gemeinsamer Werte idealerweise schon

in der Kindheit beginnt. Aber auch hier erlebe ich einen ständigen Kampf zwischen schnellen Zusagen in Sonntagsreden und dann wieder den Mühen der Ebene, wenn es um Projektgelder und auch unbefristete Stellen geht.

Was mich immer wieder motiviert ist eine Eigenschaft der alphabetisierten und also im medialen Sinne semitischen Religionen: Wie das Alphabet grundsätzlich für alle Menschen da ist, so geht das Lesen auch mit einer Öffnung in die Zukunft einher. Aus Buchstaben werden sinnvolle Wörter und Sätze, und aus Büchern werden Vorstellungen, Ideen und Ideale. Deswegen ist es meiner Ansicht nach überhaupt kein Zufall, dass alle semitisch-alphabetisierten Religionen linear aufsteigende Zeitrechnungen entwickelt haben: Seit der Erschaffung der Welt im Judentum, seit der Geburt Christi im Christentum, seit der Hidschra im Islam und seit der Erklärung des Bab im Babismus und bei den Bahai. Wie wir es ja auch in unserer gemeinsamen Einleitung beschrieben haben, habe ich Hoffnung für die Zukunft. Wahrscheinlich werden wir bis zum Kommen des Messias niemals jeden Antisemitismus besiegt haben. Aber ich denke, es lohnt sich der Kampf um jede Seele.

2021 wurde das Gedenkjahr »1700 Jahre jüdisches Leben in Deutschland«» begangen, das ja ebenfalls zwar Hoffnungen, aber keineswegs nur Gründe zum Feiern bietet. Was meinst Du – was dürfen wir vom Blick auf diese 1700-jährige Geschichte erhoffen?

Michael

Wir haben nur die Möglichkeit über das Gespräch

1700 Jahre jüdisches Leben – was dürfen wir hoffen?

Lieber Michael,

als ich das erste Mal von der Jahreszahl 321 und dem damit verbundenen Festjahr hörte, war ich ein wenig verwundert. Denn bei uns in Stuttgart und Württemberg reicht die erste Erwähnung eines Juden ins 13. Jahrhundert zurück. Das besagt zwar nicht, dass nicht möglicherweise schon vorher einzelne Juden sich vielleicht irgendwo in diesem Land angesiedelt hatten, historische oder amtliche Erwähnungen fanden sie aber nicht. Erstaunlich ist es aber dennoch, dass bereits vor 1700 Jahren, also im Jahr 321 durch ein Dekret Kaiser Konstantins, Juden in Köln, als diese noch Teil einer römischen Provinz war, erlaubt wurde, das Amt eines Stadtrats zu übernehmen: »Durch reichsweit gültiges Gesetz erlauben wir allen Stadträten, dass Juden in den Stadtrat berufen werden.« Dieser Erlass, der nach Köln zurückgesandt wurde, beweist eindeutig, dass damals Juden in Köln lebten.

Durch die Anerkennung, die in dem Dekret Kaiser Konstantins formuliert wurde, gewinnt dieses Datum eine besondere Relevanz. Denn es besagt, dass Juden, noch bevor es ein deutsches Reich gab, bereits auf diesem Boden angesiedelt waren und in offiziellen Ämtern wirken konnten. Nach den verschiedenen Anschlägen von Rechtsextremisten bundesweit scheint es nur folgerichtig zu sein, dass das Thema auf »1700 Jahre – jüdisches Leben« in der Bundesrepublik erweitert und von vielen Institutionen aufgegriffen wurde. Nach der niederschmetternden Bestandsaufnahme der Zunahme des Antisemitismus in der Bundesrepublik bot sich die Gestaltung dieses Jubiläums geradezu an, ein wirksames Gegenbild, eine vielstimmige Reaktion, ein Kaleidoskop religiöser, kultureller, historischer Veranstaltungen zu entwerfen, die sich gegen Ausgrenzung, Hass und Verschwörungsmythen richten. Um nicht dem Vorwurf zu erliegen, der Blick in eine so weit zurückliegende Epoche diene als Fluchtreaktion auf eine unbequem gewordene Gegenwart, hat der »Verein 321« auch und sehr bewusst den Fokus auf das jüdische Leben jetzt und heute gerichtet und sich zum Ziel gesetzt, dieses Datum als Anlass zu nehmen, der Gesamtgesellschaft eine plurale Sicht auf jüdisches Leben zu vermitteln. Jüdische Gemeinden und Landesverbände wirkten dabei an der Gestaltung mit. Jedoch sollte die Zielgruppe, die erreicht und sensibilisiert werden sollte, nicht die jüdische Gemeinschaft als solche sein, sondern die Zivilgesellschaft auf Landes- und Bundesebene an sich. Es wäre erstrebenswert, auch neue Gruppen für das Judentum zu interessieren und zu sensibilisieren. Daher überrascht es nicht, dass der Verein auf großen Enthusiasmus bei der Politik und bei vielen gesellschaftlichen Institutionen stieß und dieses Datum zu einem bundesweiten Event erweitert wurde. Mit großem Engagement trugen unzählige Institutionen landauf, landab mit unterschiedlichen Veranstaltungen dazu bei, dass sich dieses Datum trotz der Covid-19- Pandemie zu einem »Jewish Revival« entwickelte. Auch die Landesregierung von Baden-Württemberg hat dies zum Anlass genommen, nicht nur als Land einen Vertrag mit dem »Verein 321« abzuschließen, sondern auch finanzielle Mittel zur Verfügung zu stellen, damit der langersehnte Wunsch der beiden jüdischen Landesverbände Baden und Württemberg nach der Gründung eines jüdischen Bildungszentrums, das jüdisches Leben auf kultureller, historischer, religiöser und sozialer Ebene in die Zivilgesellschaft trägt und erfahrbar macht, in die Realität umgesetzt werden kann. Wenn man gerade das wechselvolle Zusammenleben von Christen und Juden vor allem im Landesteil Württemberg betrachtet, das von Restriktionen, Ausgrenzung und Vertreibung der Juden jahrhundertelang geprägt war, dann erscheint die heutige Entwicklung und Haltung der Landesregierung als eine bedeutende Wende und ein Meilenstein hin zu einem gemeinsamen Wirken von Staat und jüdischen Gemeinden auf Augenhöhe.

Der Rückblick auf 1700 Jahre jüdische Präsenz auf deutschem Boden ist nicht die Inszenierung eines Jubelfestes oder ein *Jewish folk festival*, sondern es ging vielmehr um einen kritischen Rückblick auf ein Zusammen- oder Nebeneinanderleben von Juden und Christen, ein Leben, das auf jüdischer Seite zwischen Autonomie und Abhängigkeit pendelte, von oftmals halbherzigem Schutz und drückender Abhängigkeit zeugte, sich zwischen Berührung und Abgrenzung (Ghettoisierung) bewegte und dennoch auch vor allem auf kultureller und wirtschaftlicher Ebene in einem gegenseitigen Austausch miteinander stand.

Der Blick zurück in die Geschichte des Judentums auf deutschem Boden ist in weiten Strecken weniger eine gemeinsame Geschichte als vielmehr ein jüdisches Leben am Rande einer übermächtigen christlichen Gesellschaft. Allerdings gelang es immer wieder einzelnen jüdischen Persönlichkeiten, ab dem Spätmittelalter hohen Einfluss in den Machtzentren zu erwerben. Jedoch war das Leben dieser Schutzjuden genauso der Willkür des jeweiligen Herrschers und seiner Adligen ausgeliefert wie die meist kleinen jüdischen Gemeinden. Erst Mitte des neunzehnten Jahrhunderts änderte sich dieser Status, und Jüdinnen und Juden erlangten beispielsweise im Königreich Württemberg Bürgerrechte. Fast schlagartig brachten sie sich in allen Bereichen der Gesellschaft ein, gründeten

Vereine und Schulen, integrierten sich in ganz unterschiedlichen gesellschaftlichen Wirkungsstätten und entfalteten ein facettenreiches jüdisches Leben in den württembergischen Städten und Gemeinden. Die jüngere Generation zog es mehr und mehr in die großen Städte und Zentren, wo der soziale, gesellschaftliche und wirtschaftliche Aufstieg vielversprechend war. Dennoch blieb die Zeit des kulturellen, wirtschaftlichen und intellektuellen Erfolgs nur für eine kurze Epoche bestehen. Beinahe zeitgleich gewannen antijüdische Tendenzen mehr und mehr an Boden. Die nationalsozialistische Gewaltherrschaft und die damit verbundene Vertreibung und Ermordung der Jüdinnen und Juden entstand nicht aus dem Nichts, sondern verbreitete sich Stück für Stück in der Zivilgesellschaft, sickerte in das Denken der Gesellschaft ein und dockte an antijüdische Vorstellungen an, deren Wurzeln in einer langen Tradition von negativen Stereotypen und Verschwörungsmythen lagen.

Wenn wir also auf 1700 Jahre jüdischen Lebens gemeinsam zurückblicken, so müssen wir uns an die Schattenseiten und Auswüchse genauso erinnern wie an die Berührungspunkte und gegenseitigen Beeinflussungen. Dabei soll dieser Blick zurück ein realistisches Bild des Zusammenlebens in die Gegenwart und in die Zukunft schaffen, frei von Idealismen. Gerade meine Religion tut sich hier vielleicht etwas leichter, lieber Michael, da Jüdinnen und Juden gerade aufgrund dieser Geschichte immer schon die Tendenz hatten und darauf angewiesen waren, die Gegenwart genau zu betrachten und keine idealistischen Zukunftsbilder zu entwerfen (Karl Marx und die Frühsozialisten stellen da sicher eher eine Ausnahme dar). Die psychotherapeutische Haltung und Postulierung, im »Hier und Jetzt« zu leben, entspricht sehr stark der jüdischen Einstellung zur Welt. Aus der Vergangenheit zu schöpfen und die Gegenwart zu gestalten ist eine sehr jüdische Weltanschauung. Nicht die spekulative Befassung mit der Erlösung am Ende der Zeiten in einer sehr fernen Zukunft ist das, was jüdisches Denken und Handeln ausmacht, sondern die Frage: Wie kann ich meine kleine und größere Umwelt ein Stück weit weiterentwickeln, mit Leben füllen und auch verändern, damit diese Welt uns zum Wohl und Nutzen gereichen kann?

> [...] denn im Lichte deines Angesichts gabst du uns Ewiger, unser Gott, die Lehre des Lebens und die Liebe zum Guten, Heil und Segen, Barmherzigkeit, Leben und Frieden [...][72]

> Gedenke unser zum Leben, König, der du Wohlgefallen hast am Leben, und schreibe uns ein im Buche des Lebens um deinetwillen, lebendiger Gott.[73]

Wenn Du mich also fragst, was wir von diesem Jahr, das dem Rückblick und der Gegenwart und Zukunft jüdischen Lebens in der Bundesrepublik gewidmet war, erwarten dürfen, so sehe ich ein Spektrum an Impulsen, die davon ausgehen können: Ganz allgemein gesprochen, besteht die Hoffnung der jüdischen Landesverbände und Gemeinden, eine Stärkung des jüdischen Narrativs zu erreichen, welches das aktive und lebendige Wirken der jüdischen Gemeinschaft für die Gesamtgesellschaft in den einzelnen Bundesländern und der Bundesrepublik deutlich macht. Manche Jüdinnen und Juden befürchten, dass die Abwehr des Antisemitismus auch wieder die jüdische Gemeinschaft in die Opferperspektive rücken könnte. Dieser Sichtweise strebten der Zentralrat der Juden, die Zentralwohlfahrtsstelle sowie die jüdischen Landesverbände in den vergangenen zwei Jahrzehnten ein anderes Narrativ des Judentums nach innen wie nach außen entgegenzustellen, zu etablieren und zu stärken. Ich denke hier an die *»Jewrovision«*, den alljährlichen Contest, der vom Zentralrat für die jüdischen Jugendzentren der BRD ausgerichtet wird, wobei diese eine Show aus Tanz, Musik, Video live auf die Bühne bringen zu einem zentralen jüdischen Thema. Oder das Programm *»Meet a Jew«*, das insbesondere junge Menschen ausbildet, damit diese mit anderen nicht-jüdischen Jugendlichen in Kontakt treten und auf Augenhöhe miteinander ins Gespräch kommen. Gerade junge Jüdinnen und Juden wollen heute mehrheitlich bewusst auch außerhalb der jüdischen Gemeinschaft ihre Identität leben und sich mit dieser an ihrem jeweiligen Wirkungsort einbringen. Diesen Gedanken greift auch der jährlich stattfindende Jugendkongress der ZWST (Zentralwohlfahrtsstelle) auf. Das Projekt »*Schalom Aleikum*« dient dem Austausch zwischen Juden und Muslimen. »*PJ Library*« fördert das Lesen in den Familien, indem Kinder im Alter zwischen null und sechs Jahren regelmäßig ein Buch zum Vorlesen erhalten. Institutionen wie die Hochschule für jüdische Studien und das Bildungszentrum des Zentralrats dienen der Bildung und der Stärkung jüdischer Identität.

Die vielen verschiedenen Veranstaltungen, die jüdisches Leben in unterschiedlichen Facetten darstellen, sollten stärker jene Wesenszüge, Denkansätze und Verhaltensweisen jüdischer Menschen ins Zentrum rücken, die gerade für eine demokratische Gesellschaft von unschätzbarem Wert sind:

Dazu gehört etwa die Verteilung von Verantwortung auf viele Schultern – weg von einem zentralen Personenkult oder zentralistischer Organisationsgestaltung hin zu einem diskursiven Aushandeln von unterschiedlichen Vorstellungen. Die Vermeidung von Personenkult zugunsten der gemeinsamen Bewältigung der anstehenden Fragen. Die Hinwendung zu einem gemeinsamen Ansatz von Gerechtigkeit, der nicht nur das das eigene Wohl, sondern die größeren gesellschaftlichen Bezüge miteinschließt. Der Schutz des Lebensraums und der Natur als gemeinsames Gut, das uns allen anvertraut ist. Das Verständnis und die Anerkennung für die Bedeutung des

Gesprächs als Bezugssystem zwischen den Menschen. So wie G"tt Moses anspricht und mit ihm ein Gespräch beginnt, so haben auch wir Menschen, wenn wir in Frieden leben wollen, nur die Möglichkeit, über das Gespräch Konflikte zu bewältigen und Lösungsansätze zu finden. Sprechen bedeutet Leben (physiologisch werden Muskeln und Nerven durch Zuwendung und Ansprechen aktiviert), bedeutet Entwicklung, bedeutet Beziehung schaffen, bedeutet, aus der Unverbindlichkeit eine Bindung herzustellen. Mut zu finden, sich so wie Abraham für eine Aufgabe auf den Weg zu machen, ungeachtet der Schwierigkeiten, auf die wir stoßen können oder die sich uns in den Weg legen, in dem Bewusstsein des Getragenwerdens. Freiheit als eine gottgewollte Lebensform, wie uns etwa das Pessachfest lehrt, als ein relationales Bezugssystem zu verstehen, das Grenzen benötigt, um nicht in Egoismus zu versinken, aber auch Zuversicht und Vertrauen auf das Wirken des Schöpfers braucht, um das Denken der Freiheit bewahren zu können.[74]

Die Impulse des Gedenkjahres, die auf jüdische Menschen wirken könnten, sehe ich wie folgt: Ich vermute, dass die junge Generation sich künftig viel stärker in die gesellschaftspolitischen Themen jenseits der eigenen Religion einbringen will und wird, als dies für die Post-Schoa-Generation gegolten hat. Es wird wohl nicht mehr so stark die eigene Befindlichkeit im Hinblick auf die Familiengeschichte der Verfolgung im Blickpunkt stehen, sondern vielmehr werden diese Erfahrungen als

Matrix verwendet werden, um aktuelle Herausforderungen einschätzen, bewerten und empathisch verhandeln zu können. Religion wird für sie eher eine Basis, ein Fundament darstellen, von dem aus die aktuellen Fragestellungen der Gesellschaft zu bearbeiten sind. Religiöse Zugehörigkeiten werden weniger als Grenzen gelebt werden als vielmehr als ethischer Interpretationsspielraum, mithilfe dessen Erklärungen und Lösungsansätze gesucht und miteinander abgeglichen werden müssen.

Ich denke, wir alle haben die Herausforderungen der Gegenwart gemeinsam und auf Augenhöhe zu bewältigen. Fundiert durch das Wissen um die eigene Religion stehen wir in der Verpflichtung, eine gemeinsame Ethik im Sinne einer gemeinsamen Verantwortung zu entwickeln, deren Basis die jeweilige religiöse Prägung und Ausrichtung darstellen kann. In diesem Sinne verstehe ich auch den Satz »Wenn nicht wir, wer dann«, den wir als Titel für unser Buch gewählt haben. Es ist die Aufforderung an jeden Einzelnen, die Verantwortung für das Gemeinwohl anzunehmen und sich ihr zu stellen. Deshalb steht auch bereits ganz am Anfang der Tora Kains Frage geradezu emblematisch: »Bin ich der Hüter meines Bruders?« (Genesis 4,9). Wenn wir etwa an unsere weltweite Herausforderung der Covid-Pandemie denken, dann können wir die Frage nach der Verantwortung nur mit Ja beantworten – ja, wir sind für das Wohl der anderen verantwortlich, aber auch für unser eigenes. Gleiches gilt für die Bewahrung und Gestaltung einer freien demokratischen Gesellschaft. Ja, wir sind gefordert, an unserem jeweiligen Ort, an dem wir unser Dasein führen, unseren Teil der Verantwortung für den Erhalt zu übernehmen.

Darüber hinaus werden wir uns aber auch damit auseinandersetzen müssen, dass wir einer zunehmend säkularen Gesellschaft gegenüberstehen. Damit diese nicht in ein rein utilitaristisches Denken verfällt, in welchem Nützlichkeit und Funktionalität als Maßstab gelten, bedarf es eines religiösen Gesichtspunkts, bedarf der Staat der Religionen, um auch Respekt und Würde dort walten zu lassen, wo keine Funktionalität, Mehrwert oder Nutzen ableitbar sind und dennoch Leben besteht.

In unserer zunehmend säkularen Gesellschaft wird es die gemeinsame Aufgabe der Kirchen und Religionsgemeinschaften sein, Religion als eine bedeutsame Ressource für eine verantwortungsvolle Lebenshaltung und -gestaltung gegenüber sich selbst und der Gemeinschaft, in der wir leben, zu bewahren und zu unterstützen. Ich sehe religiöses Leben, Glauben, in unserer modernen Gesellschaft als ein Netz, das uns mit dem Ewigen in Verbindung bringt, das uns mit ethischen Werten umgibt und das uns davor bewahren kann, ins Bodenlose zu stürzen. Das uns hilft, die unterschiedlichen Fragen des Lebens mutig anzugehen, und Hoffnung und Zuversicht ins Zentrum rückt.

Barbara

Es war mir eine Freude
Zum Ausklang

Liebe Barbara,

beim Lesen Deines letzten Briefs zu den Hoffnungen in Bezug auf das Gedenken von 1700 Jahren jüdischen Lebens in Deutschland habe ich durchweg zugestimmt und genickt – bis in die Schlussabsätze über das kommende »Netzwerk der Religionen« in einer zunehmend säkularisierten Gesellschaft hinein haben wir da ganz Entsprechendes gefunden. Hier darf ich Dir daher auch verraten, dass ich Dich auch in meinem Buch »Rückzug oder Kreuzzug?«[75] über die Zukunft des Christentums bewusst in die Danksagungen aufgenommen habe. Durch Dich und mit Dir habe ich so vieles gelernt!

Mit Bezug auf das Jubiläumsjahr möchte ich noch einmal abschließend auf meinen ersten Brief zurückkommen, in dem ich auf die überragende Rolle von Karl Popper für mein philosophisches und auch religiöses Denken hingewiesen habe. So warnte Popper nicht nur vor einem falschen Verständnis von wissenschaftlicher Theorie, sondern auch vor dem von ihm so genannten

»Historizismus«. Damit ist gemeint, dass Menschen fälschlich beanspruchen, Entwicklungsgesetze hinter der Geschichte entdeckt zu haben. Dann sagen sie zum Beispiel das Kommen des Messias für ein bestimmtes Jahr voraus, rechnen mit dem Ausbruch der kommunistischen Weltrevolution oder behaupten, ihre Nation wäre das letzte Imperium.

Doch laut Popper ist es uns Menschen unmöglich, die Zukunft sicher vorherzusagen. Und wenn wir mit Ansprüchen des Historizismus aufträten und sich diese Vorhersagen dann doch nicht erfüllten, dann würden wir dazu neigen, andere – vielleicht gar Verschwörer – dafür verantwortlich zu machen. Dagegen sei es viel weiser, klüger und ehrlicher, für eine »offene Gesellschaft« einzutreten, deren Zukunft eben nicht bereits festgelegt ist, sondern von uns selbst miteinander gestaltet werden kann.

Ich finde diese Ausführungen Poppers bis heute genial und überzeugend. Und so wünsche ich mir auf Basis von 1700 Jahren jüdischen Lebens in Deutschland auch genau diesen Weg ins Offene: die Geschichte besser zu verstehen, ohne sich von ihr entmutigen oder euphorisieren zu lassen. Ob weitere, bessere Jahrhunderte des Miteinanders vor unseren Nachfahren liegen werden, ist nirgendwo festgeschrieben – das entscheiden wir selbst durch unser Verhalten mit! Genau so schließt sich für mich auch der Kreis zu unserem Buch, das ja auch im Kontext dieses besonderen Jahres entstand:

»Wenn nicht wir, wer dann?« ist ja eigentlich *die* Frage der offenen Gesellschaft an jeden einzelnen Menschen. Aus der Geschichte können und sollen wir lernen, aber die Zukunft ist uns als Aufgabe gegeben – jeder und jedem Einzelnen von uns.

Ich danke Dir für die Chance unseres Zwiegesprächs, von dem ich hoffe, dass es viele Menschen unserer, anderer und auch keiner Religionszugehörigkeiten erreichen und zu eigenen Dialogen anregen möge. Und wenn Du erlaubst, so möchte ich Dir gerne den »Abschlussbrief« überlassen und nicht selbst das letzte Wort haben.

Es hat mir eine große Freude gemacht, diesen Briefdialog mit Dir zu führen. Gerne erinnere ich mich auch an den Brunch mit Zehra, nachdem wir beide den Einleitungstext entworfen hatten.

Vielen lieben Dank, liebe Barbara – es war mir eine Freude. Sei zusammen mit Deiner Familie und Gemeinde von Herzen gesegnet!

Michael

Was ich sehe
Zum Ausklang

Lieber Michael,

Wenn ich morgens die Mütter beobachte, wie sie die Kinder vertrauensvoll in die jüdische Kita bringen, wenn ich Schulkinder quirlig am Schulhof unserer Gemeinde laufen sehe, wenn die Männer den Gebetsdienst in der Synagoge nach orthodoxem Ritus und Männer und Frauen den liberalen Gottesdienst besuchen, wen ich die Seniorinnen und Senioren, die seinerzeit in dieses Land kamen, um ihren Kindern mehr Schutz als in den Herkunftsländern zu ermöglichen, auf ihrem Balkon im Seniorenhaus oder beherzt mit dem Rollator durch »ihre« jüdische Gemeinde fahrend begrüße, dann empfinde ich Dankbarkeit dafür, diese Entwicklung jüdischen Lebens ein Stück weit begleitet haben zu dürfen.

Wenn ich dann die Hass-Kommentare im Internet lese, welche Bedrohung wir Jüdinnen und Juden und auch diejenigen, die uns unterstützen – so wie Du es tagtäglich als Antisemitismusbeauftragter machst –, für unsere Umwelt darstellen, dann erfüllt mich dies mit Wut, Schauder, aber auch Scham. Letztere vor allem der

Generation der Überlebenden gegenüber, dass dieser Ungeist sich noch immer verbreitet.

Wenn ich aber erlebe, wie engagiert sich Menschen an den unterschiedlichsten Wirkungsorten für die Bewahrung und Wertschätzung jüdischen Lebens einsetzen und sich vehement gegen Ausgrenzung und Diskriminierung wenden, wie entschlossen jetzt die Landes- und Bundespolitik sich gegen Antisemitismus positioniert und dessen Bekämpfung mehrheitlich als Gebot der Stunde begriffen hat, wenn ich erlebe, dass wir als jüdische Gemeinschaft in unserer religiösen, kulturellen und gesellschaftlichen Rolle einen festen Platz in dieser Gesellschaft selbstgewählt einnehmen können, wenn ich das Engagement so vieler für eine starke und freiheitliche Demokratie erlebe, dann erfüllt mich dies trotz mancher Schatten letztendlich auch mit Hoffnung!

Erfüllt von dieser Zuversicht möchte ich mich bei meiner Familie bedanken, die mir die Möglichkeit eingeräumt hat, mich neben meinen anderen Aufgaben diesem Briefwechsel mit Dir widmen zu können.

Ein besonderer Dank gilt Dir, lieber Michael, der Du mich nicht nur angespornt hast, meine Gedanken niederzuschreiben, sondern auch die organisatorischen Schritte für deren Publikation gesetzt hast. Ich danke Dir vor allem auch für die gemeinsamen Gespräche und den Austausch, der diesem Buch vorangegangen ist und dieses begleitet hat.

Ein Dank gilt auch meinen Kolleginnen und Kollegen, Mitarbeiterinnen und Mitarbeitern aus der Repräsentanz, die mir über viele Jahre ihr Vertrauen schenkten und mich in dem Wirken für die jüdische Gemeinde und Gemeinschaft begleitet und unterstützt haben.

Barbara

Ein gemeinsamer Schluss

Liebe Leserin, lieber Leser,

ein Dialog ist ein nach oben offener Prozess, in dem sich Menschen begegnen und miteinander entwickeln können. Martin Buber hat sogar geschrieben: »Alles wirkliche Leben ist Begegnung.« Begegnung bedeutet auch, unterschiedliche Positionen gegenüberzustellen und differente Meinungen auszuhalten, solange sie sich auf dem Boden ethischer Grundwerte bewegen.

Als wir dieses Buch zu schreiben anfingen, begleitete uns die Covid-Pandemie und ihre weltweite Bedrohung, die radikale Veränderung des Alltags, der erzwungene Rückzug auf den innersten Kreis, die Entflechtung sozialer Beziehungen, menschenleere Straßen und Städte, der Wegfall von gewohnten Lebensabläufen als Herausforderung. Unmittelbar bei der Beendigung des Buches erleben wir eine große Zahl von Menschen auf der Flucht, deren Städte bombardiert und von Krieg überzogen werden. Wir erleben den Zusammenprall zweier politischer Systeme, von denen das eine territoriale Ansprüche mit Waffengewalt durchzusetzen strebt, ungeachtet der zahlreichen Opfer in den umkämpften Gebieten, der in die Flucht getriebenen Menschen. Das Ziel, einen Machtanspruch militärisch, also mit Gewalt durchzusetzen, schien in Europa größtenteils einer Vergangenheit anzugehören, die man hoffte überwunden zu haben. Ebenso wie man hoffte, dass Mütter nie wieder um ihre gefallenen Söhne trauern müssten. Und plötzlich ereignet sich Kampf, Flucht und Vertreibung fast vor unseren Grenzen, erleben wir Menschen, die ihre Heimat verlassen müssen, weil ihre Häuser zerschossen, ihre Städte im Kampf verwickelt werden.

Viele Menschen – auch wir – betrauern die Opfer des Krieges und der furchtbaren Massaker.

Wir erleben auch und gerade in der Bundesrepublik eine große Welle der Unterstützung für die Geflüchteten. Wir sehen aber auch, dass Menschen sich ihrer Herkunft und Sprache plötzlich schämen müssen oder ihre Herkunft verstecken wollen, um nicht unter Druck zu geraten oder der Häme ausgesetzt zu werden.

Man könnte versucht werden, sich zu fragen, ob der Dialog ins Stocken geraten ist, ob wir einen viel zu idealistischen Weg eingeschlagen haben, der nun auseinanderzubrechen scheint. Aber wir meinen, dass gerade diese Herausforderungen uns darin bestärken, dass nur ein Weg des Dialogs – insbesondere bei sehr unterschiedlichen Positionen –, ein Weg der Akzeptanz unterschiedlicher Lebensentwürfe und das Bemühen des Verständnisses für unterschiedliche gesellschaftliche Prägungen Konflikte entschärfen können.

Wir danken daher Ihnen, liebe Leserinnen und Leser, dafür, dass Sie sich auf unseren Dialog eingelassen haben und dass viele von Ihnen bereits mitarbeiten an einer Welt des Friedens, der Menschenwürde und der Hoffnung für die gesamte Schöpfung. Denn wenn nicht Sie – wer dann? Und wenn nicht jetzt – wann?

Barbara Traub und Michael Blume

Anmerkungen

1 Blume, Michael (2019): Warum der Antisemitismus uns alle bedroht. Wie neue Medien alte Verschwörungsmythen befeuern, Patmos.

2 Tenné, Meinhard (2012): Aus meinem Leben. Schriftenreihe des Stuttgarter Lehrhauses, S. 75–76.

3 Sacks, Jonathan (2011): The Great Partnership. God, Science and the Search for Meaning. Hodder & Stoughton, S. 41–65.

4 My Heritage (2020): Ahkenazi Jewish Ethnicity. In Deutsch abgerufen am 27.09.2020 unter: https: / / www.myheritage.de / ethnicities / ashkenazi-jewish / ethnicity-worldwide-distribution

5 Logan, Robert (2004): The Alphabet Effect. A Media Understanding of the Making of Western Civilisation. Hampton Press, S. 91–107.

6 Todd, Emmanuel (2018): Eine Geschichte der Menschheit. Von der Steinzeit bis zum Homo americanus. C. H. Beck, S. 121 ff. (Kap. 4: »Judentum und frühes Christentum: Familie und Alphabetisierung«).

7 Detering, Heinrich et al. (2018): Thomas Mann – Joseph und seine Brüder II – Kommentar. S. Fischer, S. 954–955.

8 Detering 2018, S. 1614.

9 von Braun, Christina (2016): Sekundäre Religionen. Fundamentalismus und Medien. Wiener Vorlesungen. Picus

10 Papanek, Ernst (1980): Die Kinder von Montmorency, Europaverlag.

11 Oz, Amos / Oz-Salzberger, Fania (2013): Juden und Worte. Suhrkamp, S. 42.

12 Brumlik, Micha (2006): Schrift, Wort und Ikone. Wege aus dem Bilderverbot. EVA / Philo & Philo Fine Arts Hamburg 2006, S. 21.

13 Film von Arkadij Khaet und Mickey Paatzsch (2020).

14 Malessa, Andreas (2019): Eine Blume für Zehra. Liebe bis zu den Pforten der Hölle. bene! / Droemer Knaur.

15 Markus, Mario (2019): 222 Juden verändern die Welt. Georg Olms.

16 Frankl, Viktor E. (1946): … trotzdem Ja zum Leben sagen. Ein Psychologe erlebt das Konzentrationslager. Verlag für Jugend und Volk (Erstausgabe).

17 Diegelmann, Christa / Isermann, Margarete (Hg.) (2010): Ressourcenorientierte Psychoonkologie. Psyche und Körper ermutigen. Kohlhammer, S. 90 f.

18 Frankl, Viktor E. (1971/1977): Psychotherapie für den Laien. Rundfunkvorträge über Seelenheilkunde. Das provisorische Dasein. Herder, S. 44

19 Frankl, Viktor E. (2016): Der Wille zum Sinn. 7. Aufl. Hogrefe, S. 17f.

20 Das Achtzehn(-Bitten-)Gebet, *Schmone Esre*, oder im Stehen zu sprechende Gebet, *Amida*, manchmal auch einfach *Tefilla*, Gebet, genannt, ist der Kern der überlieferten jüdischen Gebets- und G"ttesdienstordnung.

21 Frankl 2016, S. 25f.

22 Frankl 2016, S. 44f.

23 Klüger, Ruth (1992), weiter leben. Eine Jugend. Wallstein.

24 Eger, Edith (2017): The Choice. Rider. Dt. Ausgabe: Eger, Dr. Eva Edith (2018): Ich bin hier, und alles ist jetzt. Warum wir uns jederzeit für die Freiheit entscheiden können. Übers. v. Liselotte Brugger. btb.

25 Eger 2017, S. 9.

26 Krochmalnik, Daniel (2013): Adam, wo bist du. Hermeneutik der biblischen und jüdischen Anthropologie, in: Boehme, Katja (Hg.) (2013): »Wer ist der Mensch«. Anthropologie im interreligiösen Lernen und Lehren. Frank & Timme, S. 47

27 Krochmalnik 2013, S. 22.

28 Maria Dorothea Simon (* 1918) verbrachte die Jahre der Schoa in England, wo sie unter anderem in Anna Freuds »Hampstead Nursery«, einem Heim für Kriegswaisen, tätig war. Ab 1941 setzte Simon mit einem Stipendium der tschechischen Exilregierung ihr Studium an der University of Oxford fort, das sie 1944 als diplomierte Sozialarbeiterin abschloss. Im selben Jahr heiratete sie Joseph Simon, den sie schon seit ihrer Zeit in der sozialistischen Jugendbewegung in Wien kannte. Während des Zweiten Weltkrieges schloss sich Simon im Kampf gegen das nationalsozialistische Deutschland der Frauenabteilung der britischen Armee an und arbeitete dort im Rang einer Unteroffizierin als Lehrerin. Gleichzeitig begann sie ein Fernstudium an der London University, das sie

mit dem akademischen Grad Bachelor of Science in Wirtschaftswissenschaft und Politologie abschloss. Nachdem sie ein Jahr in Dänemark verbracht hatte, ging Simon 1946 in die USA, wo sie eine Anstellung als Sozialarbeiterin bei einer jüdischen Familien-Wohlfahrtseinrichtung in Seattle fand. 1947 kehrte sie nach Wien zurück und begann ein Doktoratsstudium der Psychologie (Nebenfach: Anthropologie). Gleichzeitig bildete sie sich im Bereich der Psychotherapie weiter. Unter anderem arbeitete sie mit August Aichhorn zusammen und führte auch wissenschaftliche Studien mit Bruno Bettelheim durch. (Wikipedia)

29 Die Sozialarbeiterin Anne Kohn-Feuermann (1913–1994) war Mitglied der Sozialistischen Arbeiterjugend und nach dem Februar 1934 für die illegale Revolutionäre Sozialistische Jugend aktiv. 1935 und 1937 war sie deshalb in Haft. Nach dem »Anschluss« konnte Anne Kohn-Feuermann mit Hilfe der Quäker über Paris nach Schottland emigrieren, wo sie zunächst als Hausgehilfin und ab 1943 als Spitalsfürsorgerin in Glasgow arbeitete. Anne Kohn-Feuermann kehrte erst im Jahr 1959 nach Wien zurück, wo sie als Vorsitzende des »Bundes Werktätiger Juden – Poale Zion« tätig war. Die vom »Verein zur Versorgung hilfsbedürftiger Waisen und anderer hilfsbedürftiger Juden in Wien« gestiftete und 1995 eröffnete »Anne Kohn-Feuermann-Tagesstätte« für Senior:innen (Maimonides Zentrum der IKG) wurde nach ihr benannt.

30 Freud, Sigmund (1924/1963): Selbstdarstellung. In: Gesammelte Werke. Bd. XIV, 3. Aufl. S. Fischer.

31 Vgl. Anm. 20.

32 Mose Ben Maimon (1992): Acht Kapitel. Eine Abhandlung zur jüdischen Ethik und Gotteserkenntnis. Übers. v. Maurice Wolff. Meiner.

33 Freud, Sigmund (1930): Das Unbehagen in der Kultur. Internationaler Psychoanalytischer Verlag. Zugängliche Ausgabe z. B. Reclam 2010.

34 Knechtel, Tilman (2015): Die Rothschilds. Eine Familie beherrscht die Welt. J. K. Fischer-Verlag

35 Podcast »Verschwörungsfragen«, Folge 22: »Antisemitismus auf Amazon und das Werk von Elie Wiesel«, auch als Text abrufbar seit 14.07.2020 unter: https://scilogs.spektrum.de/natur-des-glaubens/verschwoerungsfragen-22-antisemitismus-auf-amazon-das-werk-von-elie-wiesel/

36 Krall, Markus (2019): Wenn schwarze Schwäne Junge kriegen. Finanzbuchverlag, S. 131–136.

37 Krall 2019, S. 149–152.

38 Krall 2019, S. 281–283.

39 Krall 2019, S. 284–287.

40 Jeffries, Stuart (2019): Grand Hotel Abgrund. Die Frankfurter Schule und ihre Zeit. Klett-Cotta.

41 Salzborn, Samuel (2010): Antisemitismus als negative Leitidee der Moderne. Sozialwissenschaftliche Theorien im Vergleich. Campus.

42 Renz-Polster, Herbert (2019): Erziehung prägt Gesinnung. Wie der weltweite Rechtsruck entstehen konnte. Kösel.

43 Blume, Michael (2020a): Verschwörungsmythen – woher sie kommen, was sie anrichten, wie wir ihnen begegnen können. Patmos, S. 7: Adorno, Theodor (1967/2019): Aspekte des neuen Rechtsradikalismus. Suhrkamp, S. 54: »Schließlich sollte man die Tricks, von denen ich gesprochen habe, dingfest machen, ihnen sehr drastische Namen geben, sie genau beschreiben, ihre Implikationen beschreiben und gewissermaßen versuchen, dadurch die Massen gegen diese Tricks zu impfen, denn schließlich will niemand ein Dummer sein.«

44 Blume, Michael (2020b): Ehre – eine aktuelle Herausforderung im Kampf gegen jeglichen Antisemitismus, in: Baur, Katja (Hg.): Ehre – wem Ehre gebührt! Evangelische Hochschule Ludwigsburg, S. 13–20.

45 Ronte, Dieter (1981): In: Anthropos. Die menschliche Figur in der zeitgenössischen Plastik. Ausstellungskatalog. Wien. S. 23f.

46 Sterk, Harald (1981): Skulptur zwischen Dienstbarkeit und Freiheit. In: Anthropos. Die menschliche Figur in der zeitgenössischen Plastik. Ausstellungskatalog. Wien. 8–16, S. 8f.

47 Ebd.

48 Vgl. Adorno, Theodor W.: Kulturkritik und Gesellschaft (1951): »Nach Auschwitz ein Gedicht zu schreiben, ist barbarisch«. In: Adorno, Theodor W. (1980), Gesammelte Schriften Bd. 10.1, Frankfurt am Main. S. 11-30.

49 Deuteronomium 5,7–9a; vgl. Exodus 20,3–5a; zitiert nach: Die vierundzwanzig Bücher der Heiligen Schrift. Übersetzt von Leopold Zunz. Sinai Verlag Tel Aviv 1997.

50 Der *Sefer Hachinuch* (»Buch der Erziehung») ist eine in Spanien im 13. Jahrhundert entstandene Schrift, deren Verfasser unbekannt

geblieben ist, die alle 613 Gebote mit ihren biblischen Quellen und philosophischen Überlegungen erklärt.

51 Levitikus 19,4.

52 Weber, Annette (2013): Bilderverbot und jüdische Bilderwelten – kunstgeschichtliche Perspektiven. In: »Du sollst dir kein Bildnis machen …« Bilderverbot und Bilddidaktik im jüdischen, christlichen und islamischen Religionsunterricht. Hg. v. Bernd Schröder, Harry Harun Behr, Daniel Krochmalnik. Berlin. S. 43f.

53 https://www.schum-staedte.info/gemeindeleben/berufe.html

54 Belting, Hans (1988): Das Erbe der Bilder. Kunst und moderne Medien in den Kulturen der Welt. München S. 37f.

55 Leibowitz, Nechama (2006): Studien zu den wöchentlichen Tora-Vorlesungen. Hg. v. Gabriel H. Cohn. Jerusalem. S. 120f.

56 Freud, Sigmund (1939), Der Mann Moses und die monotheistische Religion. Drei Abhandlungen. Amsterdam. S. 200f.

57 Jüdische Allgemeine. Sonderbeilage: 1700 Jahre Jüdisches Leben in Deutschland. S. 54f.

58 Im Judentum gilt als jüdisch, wer von einer jüdischen Mutter abstammt. Die Mutter meines Mannes war nicht-jüdisch, sie entstammte einer Nebenlinie einer alten Adelsfamilie aus Niederösterreich. Somit war mein Mann vom Religionsgesetz her kein Jude.

59 WIZO ist die Abkürzung für Women's International Zionist Organization, im Internet: www.wizo-ev.org

60 www.irgw.de/vorstand: »Die Repräsentanz in der IRGW [Israelitischen Religionsgemeinschaft Württemberg K. d. ö. R.], die man mit einem Gemeinderat vergleichen kann, besteht aus neun Personen, die von den Mitgliedern der IRGW alle drei Jahre gewählt werden. Aus ihrer Mitte werden drei Personen als geschäftsführender Vorstand der IRGW bestimmt, darunter der/die Vorstandssprecher/in«

61 Jonathan Sacks (2000): A Letter in the Scroll. Understanding Our Jewish Identity and Exploring the Legacy of the World's Oldest Religion. Free Press/Simon & Schuster, S. 119: »At Sinai, God reveals Himself equally to everyone. At Israel's founding moment, every individual is a party to the covenant and none stands higher than any other. Revelation creates a republic of free and equal citizens under the sovereignty of God.«

62 Jonathan Sacks (2003): The Dignity of Difference. How to Avoid the Clash of Civilizations. New Revised Edition, Prologue.

Bloomsbury Publishing, S. 9: »Time and again in recent years we have been reminded that religion is not what the European Enlightenment thought it would become: mute, marginal and mild. It is fire – and like fire, it warms but it also burns. And we are the guardians of the flame.«

63 Vgl. Blume, Michael (2021): Rückzug oder Kreuzzug? Die Krise des Christentums und die Gefahr des Fundamentalismus. Patmos.

64 Vgl. Anm. 1.

65 Vgl. Anm. 60.

66 Vgl. Nolden, Thomas (1995): Junge jüdische Literatur. Königshausen und Neumann, S. 16ff.

67 Vgl. Aussage des früheren Zentralratspräsidenten Paul Spiegel sel. A.

68 Arendt, Hannah: Die Nachwirkungen des Nazi-Regimes – Bericht aus Deutschland, in: Arendt, Hannah (2000): In der Gegenwart. Übungen im politischen Denken. II, Piper, S. 51ff.

69 Fischer, Gottfried (2000): Psychoanalyse und Psychotraumotologie, in: Freiburger literaturpsychologische Gespräche. Trauma. Bd. 19, Königshausen und Neumann, S. 11–26.

70 Shalicar, Arye Sharuz (2010): »Ein nasser Hund ist besser als ein trockener Jude«. Die Geschichte eines Deutsch-Iraners, der Israeli wurde. Autobiografie. Deutscher Taschenbuch Verlag.

71 Die Bewegung »Boycott, Divestment and Sanctions« ruft international zu Boykottaktionen gegen Israel auf.

72 Mussafgebet für Sabbat, in: Sidur Sefat emet. Hg. v. Rabbiner S. Bamberger. Goldschmidt, S. 131.

73 Sidur sefat emet, S. 126.

74 Vgl. Jizchak Abarbanells (1437–1508) Kommentar zur Pessach Haggada. Erläutert von Ari Lipinski.

75 Vgl. Anm. 63.

Zur Autorin und zum Autor

Barbara Traub arbeitet hauptberuflich als psychologische Psychotherapeutin und Psychoonkologin in Stuttgart und lehrt nebenberuflich an der Evangelischen Hochschule Ludwigsburg. Sie ist Vorstandssprecherin der Israelitischen Religionsgemeinschaft in Württemberg und Vorstandsmitglied im Zentralrat der Juden in Deutschland.

Dr. Michael Blume, Religions- und Politikwissenschaftler, ist Beauftragter gegen Antisemitismus in Baden-Württemberg. Der evangelische Christ ist mit einer Muslimin verheiratet und leitete bis Juni 2020 das Referat »Nichtchristliche Religionen, Werte, Minderheiten und Projekte Nordirak« im Staatsministerium Baden-Württemberg. 2015/16 verantwortete er das Sonderkontingent des Landes für schutzbedürftige Frauen und Kinder aus dem Nordirak. Er hat über Religion und Hirnforschung (»Neurotheologie«) promoviert. Michael Blume lehrt Medienethik am Karlsruher Institut für Technologie (KIT), bloggt bei den scilogs von Spektrum der Wissenschaft und veröffentlicht zu Verschwörungsmythen, zur Zukunft der Religionen und zum interreligiösen Dialog. Im Sommer 2022 wurde ihm von den jüdischen Gemeinden und der Stadt Stuttgart die Otto-Hirsch-Auszeichnung verliehen.

Michael Blume im Patmos Verlag

Wie Gebirge und Tiere unser Denken prägen
Beobachtungen in einer Zeit der Krisen
ca. 160 Seiten | Paperback
ISBN 978-3-8436-1405-4

Warum der Antisemitismus uns alle bedroht
Wie neue Medien alte Verschwörungsmythen befeuern
208 Seiten | Hardcover mit Schutzumschlag
ISBN 978-3-8436-1123-7
Auch als Hörbuch | MP3-CD
ISBN 978-3-8436-1133-6

Verschwörungsmythen
Woher sie kommen, was sie anrichten,
wie wir ihnen begegnen können
160 Seiten | Paperback
ISBN 978-3-8436-1286-9

Rückzug oder Kreuzzug?
Die Krise des Christentums und die Gefahr
des Fundamentalismus
160 Seiten | Hardcover
ISBN 978-3-8436-1332-3
Auch als Hörbuch | MP3-CD
ISBN 978-3-8436-1344-6

Islam in der Krise
Eine Weltreligion zwischen Radikalisierung und
stillem Rückzug
192 Seiten | Hardcover mit Schutzumschlag
ISBN 978-3-8436-0956-2
Auch als Hörbuch | MP3-CD
ISBN 978-3-8436-1132-9